이명의 탄생

이명의 탄생

페르난두 페소아 문학 에세이

페르난두 페소아
김지은 엮고 옮김

Dizem que finjo ou minto

Tudo que escrevo. Não.

Eu simplesmente sinto

Com a imaginação.

Não uso o coração.

사람들은 내가 흉내로 혹은 거짓으로

글을 쓴다고 하지만 그렇지 않다.

나는 그저 상상으로

느낄 뿐.

마음을 사용하지 않을 뿐.

─페르난두 페소아, 「이것(Isto)」

일러두기
- 이 책은 페소아가 문학과 예술에 대해 쓴 글들을 모아 엮은 것으로, *Sobre a Arte Literária* (Assírio&Alvim, 2018), *Teoria da Heteronímia* (Assírio&Alvim, 2012), *Prosa Antologia Mínima* (Tinta da China, 2020)를 저본으로 삼았으며, "페소아 아카이브(http://arquivopessoa.net/)"를 참고했다.
- 페소아가 영어로 쓴 작품은 원전의 포르투갈어 번역문을 원문으로 삼았고, 구분을 위해 제목에 ✱표식을 달았다.
- 원문 수기에서 훼손되어 알아볼 수 없는 곳은 [_], 후대에 편집 과정에서 임의로 생략한 부분은 […]로 표시하였다.
- 포르투갈어의 고유명사는 기본적으로 외래어표기법을 따르되 실제 발음을 고려하여 달리 표기한 경우도 있다. (조제→주제, 게지스→게드스, 고메스→고므스 등)
- 원문의 이탤릭체, 대문자로 강조하여 쓴 곳은 고딕체로 표현했다.
- 주는 모두 옮긴이의 주이다.

차례

이명의 탄생

무한은 어떻게 실현되는가　15

불멸의 가명　16

형이상학적인 모든 문제들에 대한 이론　17

사람으로 만들어서 만나고 싶은 존재　18

다수성과 단일성　19

풍요의 위기　21

형이상학적으로 잘 꿈꾸는 방법　24

형이상학　30

모방과 차용　31

나로 존재하기라는 지옥　32

인위의 미학　33

무관심의 미학　35

꿈에 대하여　38

무제　41

무제　42

한데로 모아질 수 없는 생각들　43

진실되지 못한 문학에 대하여　45

다양한 이름으로　53

무제　54

개인적 메모　55

내가 누구인지, 어떤 영혼을 가졌는지 모른다　56

모든 감각은 좋은 것　57

새로운 감각을 갖는 유일한 방법은　58

예술이란 진실을 암시하는 거짓　59

무정부주의　60

감각주의　62

영혼의 극장　68

예술의 세 가지 원리　69

신비주의　72

학파를 원하는 당신들　73

여행하면 할수록 더 넓게 여행하게 된다　75

양상들　77

작가 상세 설명: 페르난두 페소아　87

무제　91

나인지, 알바루 드 캄푸스인지, 아니면 둘 다인지　92

막간의 허구들　93

무제　97

고안된 인간들　98

입회　99

포르투갈인은 어떤 사람들인가　101

카에이루의 다양한 카에이루들　102

인물들을 창작한 방식　104

아돌푸 카자이스 몬테이루에게 보내는 편지　106

문학예술에 대하여

철학에 고취된 시인   113

우주의 직관 속을 여행하는 미친 사람   115

문학의 과학   117

문학과 현실   118

예술과 이상화   120

상호교차   121

미학   123

시는 자연의 모방   124

예술과 진정성   125

한 번도 표현된 적 없는 것을 표현하는 일   126

영감   129

문학과 예술   130

지적 예술   131

모든 것이 상징   132

단어와 목소리   133

문학과 시   135

예술이란 아주 명료한 표기   138

과학과 예술   139

예술의 본질   140

극시   141

생각과 감정   142

도덕적 예술과 비도덕적 예술   143

예술의 종류   146

예술의 가치   148

고전주의 법칙   150

고전주의자와 낭만주의자   152

낭만주의와 고전주의   153

낭만주의와 이성   156

낭만주의와 개인주의   158

예술작품이란   161

의미와 리듬   164

서정시의 단계   165

먼저, 상징을 느껴라   168

번역 예술   170

보이지 않는 번역가   172

우화   176

보이지 않는 우화   178

어린 국가를 위한 우화: 나는 선생   179

삶의 법칙   181

글로 된 예술작품   183

『오르페우』는 무엇을 추구하는가?   185

아테나   188

아포리즘   197

문학예술에 대한 이명들의 관점

안토니우 모라

예술의 혁신   201

예술과 완벽   203

단순한 것과 복잡한 것   206

다수성의 증명   209

알베르투 카에이루

산문과 운문에 대하여   210

카에이루와의 인터뷰   211

히카르두 헤이스

형이상학적 시   212

셰익스피어보다 위대한 밀턴   213

현대 문학은 자위행위의 문학   217

알바루 드 캄푸스

문장의 운율   219

불가해한 문단의 리듬   223

문의에 대한 답변   226

알바루 드 캄푸스 & 히카르두 헤이스

리듬과 시   228

예술의 분류에 대한 논쟁   231

문학 비평

루이스 드 카몽이스　235

셰익스피어　238

셰익스피어의 비극들　240

괴테　242

빅토르 위고　245

에드거 앨런 포　249

포와 셸리　251

오스카 와일드 1　252

오스카 와일드 2　253

제임스 조이스　254

포르투갈의 새로운 시　255

사회학적 관점에서 포르투갈의 새로운 시　257

이명 소개　271

페르난두 페소아 소개　276

옮긴이 해설　279

편집 후기　287

이명의 탄생

1장 '이명의 탄생'은 페소아가 이명(heterónimo, 異名)
이라는 개념을 발명하고 구체화하는 과정을 담고 있다.

무한은 어떻게 실현되는가 *

무한은 어떻게 실현되는가? 우리는 숫자에 한계가 없는 것이 무한이라고 생각한다. 그러나 만약 무한이 실현되면서 무한 스스로가 다른 어떤 것으로 바뀌되 다른 어떤 것 안에서 계속 무한인 것이라면.

무한은 숫자의 개념이 아닌가?

숫자의 개념=다수의 개념

개념은 하나이고 다수는 여러 개이다. 다수라는 개념 안에서 하나라는 것=많은 것.

1906?

불멸의 가명 *

　내가 늘 골몰하는 매우 흥미진진한 사건이 있는데 그 사건은 그다지 흥미롭지 않은 문제를 유발한다. 한 사람이 정작 자신의 진짜 이름은 알려지지 않은 채 가명假名*이 불멸하는 것이다. 그는 그 자신이 불멸한다고 생각하는 것이 아니라, 알려지지 않은 그 이름이 진짜 불멸한다고 생각하는 것이다. 거기에다, 이름이란 무엇인가? 그가 곰곰이 생각해보니, 절대적으로 아무것도 아니다. 그렇다면, 스스로에게 묻는다, 예술이든 시든 그 어떤 것이든 불멸한다는 것은 무엇인가?

1906?

---

* 이 시기만 해도 페소아는 '이명(heterónimo)'이라는 표현 대신 '가명(pseudónimo)'이라는 표현을 쓰고 있다.

형이상학적인 모든 문제들에 대한 이론 ✽

　　세상과 인간과 형이상학적인 모든 문제들에 대한 수천 개의 기괴하고 유별나고 심도 깊은 이론들이 내 영혼을 떠돌고 있다. 내 안에 있는 수많은 철학들은, 혹여나 실현된다면 서로 상충될 의견들이다. 내가 가진 모든 생각들은, 글로 써둔다면, 후대에 아주 유용한 과거의 증표가 될 것이다. 그러나 내 영혼의 구조가 워낙 특이하기 때문에, 이론이나 생각은 떠오르자마자 곧 사라져버린다. 늘 그 이론을 열렬하게 느끼기를 열망하지만, 그다음 순간 곧장 아무것도, 어떤 이론이었는지 조금도 기억하지 못하게 된다. 기억은, 내 모든 다른 기관들처럼, 나를 꿈속에서 살도록 한다.

1907?

사람으로 만들어서 만나고 싶은 존재 *

내 속에는, 할 수만 있다면 사람으로 만들어내서 내가 직접 얼굴을 마주 보고 만나고 싶은 것들이 있다. 그렇게 된다면 "난 너희들의 노예가 아니야!"라고 말할 것이다. 그러나 이 작자들이 우리 안에 있는 한, 거절할 수도 없고 패기를 보일 수도 없다. 그들에게 복종하는 것이 즉 우리가 우리 스스로에게 복종하는 것이며, 우리 스스로에게 복종하는 것이 그들에게 복종하는 것이다. 이런 것들이 마음에 안 드는 점이다.

1907?

다수성과 단일성 *

영원히 선한 신이 우리에게 이 모든 것을 주셨다면, 이 모든 것들은 선해야 한다. 다수성은 단일성으로부터 왔고, 다수성이 나쁜 것이라면? 공간과 시간이 세상을 악의 근원으로 만드는 것이라면, 시간과 공간은 어디에서 온 것인가? 선한 신으로부터 온 것이라면, 그것들 역시 선하다. 다른 존재로부터 온 것이라면, 자라투스트라의 말처럼, 두 가지 측면을 가질 것이다. 악이란 속세의 속성이고, 불완전함은 창조의 결과라고 사람들은 말한다. 그러나 창조가 신의 행위라면, 선한 신의 창조는 결코 악일 수 없다.

논한 것과 같이 세상은 보여지는 것이다. 보여지는 것은 사실 보여지는 것의 반대되는 특징을 갖게 될 수도 있다. 하나가 여러 개로 보여지기도 하고, 불변하는 것이 움직이는 것으로 보여지기도 한다.

말하자면 선함은 악함이 겉모습일 수 있다. 설명이 그럴싸하다.

그러나, 그렇게 치면, 여기에 보여짐에 대한 규칙이 생긴다. 그렇다면 신은 하나의 법칙에 의해 통솔되는가? 로마인들의 운명의 신인 파툼Fatum과 그리스인들의 운명의 신인 아난케Ananke는 유일신보다 위대한가? 그렇다면 유일신은 가장 위대한 존재가 아니지 않은가?

　무한한 인격에는 모순이 있다. 무한한 인격이란 그 어떠한 인격도 아닌 것이다.

　악과 선 사이에 진공이 존재하는 것일까?

1908?

풍요의 위기
―마리우 베이랑*에게 보내는 편지

[…]

근래 나는 위기를 겪고 있다네. 농사로 비유하자면 "풍요의 위기"라고 말할 수 있는 위기 말이야. 지금 내 영혼의 상태는 아주 지독하게 관념적으로 분주하고, 때문에 노트에 옮겨 쓸 때 매우 집중해야 해. 노트엔 아직 채워야 할 페이지들이 참 많지만, 몇몇 장은 휘발되어버렸어. 페이지가 너무나 많아서 나중에 읽지도 못할 정도로, 아주 급하게 날려 썼어. 내가 잃어버린 생각들은 날 너무나 괴롭게 해. 그 고문 같은 고통에서 암흑처럼 겨우 살아남기도 해. 그 북적북적한 아스날 거리Rua do Arsenal가 내 미천한 머릿속에 들어 있다고 생각해봐. 영어로 된 시, 포르투갈어로 된 시, 논쟁들, 주제들, 제안들, 정체도 알 수 없는 사물의 파편들, 어떻게 운을 뗄지도, 어떻게 끝을 맺을지도 모르는 편지들, 비평가의 램프, 형이상학의 중얼거림… 이 모든 문학들이, 친애하는 마리우여, 안개로부터 와서… 안개로… 안개 속으로…

나를 장場으로 삼은 심리적 요소들과 그에 따른 기이한

---

*   Mário Beirão. 포르투갈의 시인.

현상들에 초점을 맞춰보지. 자네도 알다시피, 알리라 믿네, 많은 공포증 중에서 내가 유독 어린 시절부터 갖고 있는 공포증이 바로 천둥번개공포증이잖아. 어느 날 하늘이 비를 윽박지르고 있었고, 나는 집으로 가는 길이었고, 오후의 거리엔 차 한 대 없었지. 천둥 번개가 치지는 않았지만 곧 내리칠 것 같았고 비가 퍼붓기 시작했어. 빗방울이 굵고 뜨겁고 느리게 쏟아졌지. 나는 여전히 바이샤Baixa 시내와 우리 집 사이 어디쯤 길 한복판이었고. 나는 거의 뛰다시피 집으로 서둘러 몸을 던지고 있었고, 머릿속으로는 자네가 상상할 수 있는 가장 극도의 당혹감과 혼란스러움으로 고통받고 있었어. 그런 와중에 내 정신은 소네트 한 편을 쓰기 시작했지. 우리 집 대문에 도착하기 몇 걸음 전에 소네트는 완성되었어. 부드럽고도 고요한 슬픔에 관한, 마치 맑은 하늘의 노을이 쓴 듯한 소네트였어. 그 소네트는 단순히 고요하기만 한 것이 아니라, 내가 쓴 소네트들 중에서 가장 개연성 있고 일관성 있는 시였다네. 생각이 재빠르게 펼쳐지는 신비로운 현상을 종종 겪기 하지만 그토록 강렬하게 느낀 적은 없었어. 고요한 소네트 장르가 가능하다는 것을 증명하기 위해, 여기에 옮겨 쓰네.

퇴위

영원한 밤이여, 당신의 팔로 나를 감싸다오
그리고 나를 당신의 아들이라 불러다오… 나는 왕
스스로 버렸다오
꿈과 피로의 왕관을.

나의 검은, 느슨한 두 팔 위에 무겁게
용맹하고 고요한 두 손에 들려 있고
왕홀王笏과 왕관은—내려두었다오
왕의 침실로 가는 통로에, 부서진 채로.

나의 철갑옷은, 쓸모 하나 없고,
마차의 박차는 쓸데 하나 없어
그늘진 계단에 갖다 놓았다오.

몸이나 영혼이나, 왕위를 벗어버리고
오래된 고요한 밤으로 돌아왔다오
하루가 지는 풍경처럼.

빌라 모우라Vila-Moura*까지 나의 보고픈 마음을 보내네.
할 수 있는 한 빨리 답장 부탁하네.
애정을 담아, 페르난두 페소아.

파수스 마누엘가, 24, 3층E
리스본

1913. 02. 01.

---

* 이 편지의 수신인 마리우 베이랑이 사는 마을.

형이상학적으로 잘 꿈꾸는 방법

논쟁 [_] —모든 것이 쉬울 것이다. [_], 내게는 모든 것이 꿈이기 때문에. 내게 그것을 꿈꾸라 지시하면, 나는 그것을 꿈꾼다. 이따금 나는 내 안에 한 철학자를 만들어낸다. 철학자는 내 안의 여러 철학들을 궁금해하며 추적하고, 그러는 동안 이교도인 나는 그의 딸과 그의 집 창가에서 연애하는데, 사실 그 딸의 영혼은 나 자신이다.

인격의 분쇄: 내 생각이 무엇인지, 내 감정이 무엇인지, 내 성격이 무엇인지 모른다… 한 가지를 느낄 때, 그 어떤 피조물이 흐릿하게 사람으로 시각화되어 내 속에서 나타남을 느낀다. **내 꿈들을 나 자신으로 대체시킨다.** 그 사람들은 그들 각자가 만들어낸 그들의 꿈일 뿐이다. 나는 그들이 아니다.

그 어떤 책도 끝까지 읽지 않는다. 이어서 읽지도 않고 건너뛰지 않고 읽지도 않는다.

내가 느끼는 것이 무엇인지 결코 알지 못했다. 그것들에 대해, 혹은 그 감정들에 대해 나에게 이야기하거나 묘사할 때면, 내 영혼의 그 어떤 일부를 묘사한다고 느끼긴 했지만, 그 후엔 늘 의심이 들었다. 나라고 느끼는 그 존재는 한 번도 진정으로 내가 누구인지 알지 못했고 나 하나가 누구인지 판단하지 못했다.

노력은 무용하지만 즐겁게 해준다. 논쟁은 척박하지만 재미있다. 사랑하는 것은 따분하지만, 어쩌면 사랑하지 않는 것보다는 낫다. 그러나 꿈은 모든 것을 대체한다. 꿈 안에서는 실제로 노력하지 않아도 노력의 개념을 충실히 이행할 수 있다. 꿈속에서는 다치거나 겁을 내는 위험 없이 전쟁에 참여할 수 있다. 결코 도달할 수 없는 진리에 도달하지 않고도, 결코 해결한 적 없는 어떤 문제를 해결하려 하지 않고도, [_] 하지 않고도 논쟁할 수 있다. 거절당하거나 배신당하거나 미움받지 않고도 사랑할 수 있다. 사랑하는 사람을 바꾸더라도 그 여인은 언제나 동일할 것이다. 나를 배신하거나 버리고 싶을 때면, 내가 원하는 방식으로 내가 좋아하는 방식으로 이 일들이 진행될 것이다. 꿈속에서 나는 거대한 비참함과 거대한 고통과 거대한 승리감 속에서 살 수 있다. 이 모든 것들이 삶의 밖에 있는 것처럼 살 수 있다. 다만 내가 얼마나 생생하고 명징하고 현실 같은 꿈을 꾸느냐에 달려 있다. 그러려면 내면의 인내와 탐구가 요구된다.

꿈꾸는 데는 다양한 방법이 있다. 하나는 꿈에 스스로를 내버려두는 것이다. 꿈에서 더 선명히 파악하기를 원하지 않고 모호한 채로 감각이 어스름 가운데 있도록 맡기는 것이다. 이 방식은 지루하고 열등한 방식이다. 이때의 꿈은 단선적이며 늘 그대로이다. 스스로 꿈을 조종하는 자각몽도 있다. 그러나 이때의 꿈은 꿈을 조정하는 데 노력이 들고 방식도 지나치게 인위적이다. 뛰어난 시인이나 나와 같은 꿈꾸는 이는 이러한 꿈을 꾸고자 노력하며 은밀히 욕망한다… 자신이 무엇을 욕망하는지 자신 앞에서 스스로를 펼쳐내지만, 그러고자 노력하는 데 지쳐버리고 결국 도달하지 못한다. 나는 왕이 되는 꿈을 꾸고자 한다… 예기치 않게 왕이 되길 원한다. 갑자기 나는 어느 나라의 국왕이다. 그 어떤 것이든 내가 말하는 대로 꿈꾼다. 꿈과의 전쟁에서 승리를 거뒀기 때문이다. 내 꿈은 언제나 내가 원하는 것에 예기치 않게 도달하게 해준다. 자각몽을 꿀 때면 모호하게 떠오르던 생각의 질서가 대개 완벽해진다. 꿈속에서 본 중세시대의 다양한 공간과 다양한 장소들을 꿈에서 깬 맨정신으로는 도저히 생생하게 재현할 수 없다. 내가 보고 있는 것들이 나에게도 낯선 것들이라 이 지나친 상상력에 혼미해진다. 꿈이 흘러가도록 내버려둔다… 꿈은 투명해서 내가 꿈속에서 원하는 것은 무엇이든 그 요구에 순응한다. 내가 원하는 것보다 훨씬 아름답게 말이다. 그러나 이것은 완벽의 경지에 오른, 꿈꾸는 사람만이 누릴 수 있다. 나는 몇 년간 이 경지에 도달할 방법을 꿈에 취해 찾아다녔다. 지금은 노력하지 않아도 가능하다.

   꿈꾸기를 시작하는 가장 좋은 방법은 책이다. 소설은 특히나 초보자들에게 많은 것들을 제공해준다. 독서에 완전히 몰입하는 것, 소설 속 등장인물들에 완전히 이입하는 것이 첫걸음이다. 당신 옆의 가족들과 현실의 슬픔들이 역겹고 귀찮게 느껴진다면 잘하고 있다는 신호이다.

   소설의 형식을 의도적으로 비트는 데 초점을 맞춘 소설은 읽지 않는 것이 좋다. 부끄러울 일은 아니지만 나는 그런 소설들로 시작했다. 정치소설이나, [_] 소설들에 나오는 [_] 본능들을 읽었다. 연애소설은 차마 면밀히 읽지 못했다. 그러나 이것은 개인 취향의 문제이다. 연애소설을 읽지 않으면 꿈에서도 연애 이야기는 없을 뿐이다. 각자가 탐독하는 것이 결국 나중에 마주할 형상이 된다. 다시 상기하자면 꿈꾼다는 것은 우리를 찾는 것이다. 독서를 통해 우리의 감각은 내가 느꼈던 것과 반대되는 것들을 수집해야 한다.

물리적 감각이 느껴지는 단계에 도달했다면, 그때야말로 꿈의 두 번째 단계로 나아가도 좋다는 뜻이다. 전쟁이나 피란, 전투 등의 괴로운 소설을 읽을 때 우리의 몸은 말 그대로 쑤시는 듯 아프고 두 다리는 저리는 듯 느낀다… 첫 번째 단계는 통과했다. 소설에서 이런 단계에 다다랐을 때 감각은 (그 어떤 육체적 자위행위 없이 오직 정신적으로만) 사정을 해야 한다.

그 후에는 몸이 겪은 이 모든 것을 정신적으로 번역해야 한다. 감각적인 사정은 (가장 자극적이고 짜릿하기 때문에 일부러 이런 표현을 썼다) 주어지지 않아도 느껴져야 한다. 물론 피로함이 매우 크지만, 그 기쁨은 매우 황홀하다.

세 번째 단계는 모든 감각들이 정신적인 것이 되는 단계이다. 기쁨은 극대화되고 피로도 극대화되지만, 몸은 더 이상 느끼지 않는다. 그리고 사지를 대신하여 지능과 생각과 감정이 덜렁거리며 붙어 있게 된다. 여기까지 도달했다면 꿈의 가장 상급 단계로 나아갈 시간이다.

두 번째 단계에서는 자기 자신을 위한 소설을 건설한다. 다만, 꿈을 완전하게 정신적으로 받아들일 때 이를 시도해야 한다. 그렇지 않으면 소설을 건설하려 시도해도 정신적으로 즐거움을 느끼는 데는 실패할 것이다.

세 번째 단계.
상상하는 법도 훈련되었고, 원하는 법도 충분히 익혔으니 이제 당신을 위한 꿈을 짓기 위한 준비가 끝났다.
이제는 피로라는 개념이 없고, 있다면 정신적인 문제이다. 인격은 완전히 분해된다. 우리는 희뿌연 재 한가운데 있다. 그 재는 영혼은 갖고 있지만 형태는 없다. 물처럼 붓는 그릇에 따라 형태가 달라지는 그런 유형도 아니다.

이 [_]가 준비되면, 우리 안에서 드라마가, 한 줄 한 줄, 탄생하면서 낯선 것과 완벽한 것들을 펼쳐내 보인다. 더 이상 드라마를 쓸 힘이 없다고 해도, 그런 힘은 애초에 필요하지 않다. 두 번째 손으로 충분히 창작할 수 있다. 상상해보라. 우리 안에 한 시인은 그만의 방식으로 시를 쓰고, 또 다른 시인이 불현듯 다른 방식으로 시를 쓴다고… 이 능력을 개발하고 나면, 나는 수도 없이 많은 방식으로, 그것도 다 독창적인 방식으로 쓸 수 있다.

꿈의 가장 상위 단계는 등장인물의 윤곽을 정할 때, 그 모든 인물들과 동시에 살아보는 것이다. 우리는 이 영혼들의 집합체이며 상호작용하는 존재들이다. 탈인격화와 이를 이끌어내는 영혼의 재와 같은 상태는 믿을 수 없이 놀랍다. 또한, 고백건대, 매우 다다르기 어렵다. 이를 위해 존재로서의 온갖 피로로부터 도망쳐야 한다. 그러나 얼마나 큰 성취인가!

이것만이 유일하게 가능한 종교적 고행이다. 어떠한 신앙도, 신도 없는 고행.
신은 바로 나이다.

1913?

형이상학

의식이라는 것이 여러 개인지 확언할 수는 없다. 개인은 여럿이다. 그러나 물질적으로 봤을 때 그러한 것이다. 각각의 개인은 의식이란 것을, 심지어 자신의 의식도 확인해볼 수 없다. 그렇다면 개인이 **하나의** 의식을 갖고 있다고 말할 수 있을까? 아니면 의식이란 것에도 **의식이 있어서 그 의식이 가진 다른 의식들과는 다른 특정한 방식으로 작동하는 의식을** 자연스럽게 갖는 걸까?

개인의 의식은 뇌의 물질적 발달 수준에 따라서 물질적 개인을 느끼는 의식의 방식일 것이다. 때문에 매우 복잡하게 느낀다.

어떻게 이런 특별한 의식화가 진행될까?

만약 각 개인의 의식이 의식적이라면, 자기 자신을 의식하는 의식이 있을 것이다. 모순 같지만, 그 무엇도 의식의 존재를 확언할 수 없다. 물질을 의식하는 의식이 아니면 말이다. 자기 자신을 의식하는 의식은 다른 모든 것과 마찬가지로 자기 자신을 **전체처럼** 자기 자신을 **포함하고 있는** 전체일 것이다.

1913?

모방과 차용

[…] 이따금 즉흥적으로 시를 쓸 때 탁월하다는 이유로 괴짜들이 좋은 시인인 것처럼 대우받기도 하지만, 그들은 좋은 시인이라고 볼 수 없다. […]

그들이 쓴 문장은 간혹 상당히 아름다운 문장도 있고, 아주 기발한 것도 있고, 요상하게 딱 들어맞을 때도 있지만, 그 이상은 아니다.

다른 천재적인 시인에 그 겉모습이나, 예술계와 문학계에 떠돌고 있는 형식적인 틀에 맞추려고 하는 이 배타주의는 결국 기술만 뛰어난 모방주의자를 양산할 뿐이다. 이 모방주의자는 다른 사람의 생각과 느낌을 **자신의 방식으로** 차용하는 사람이다. 그러나 본질적인 것을 차용한다면 더 이상 모방이 아니다. 다만 자신이 천재성과 강렬한 직관을 잘 준비하여 드라마의 길을 걸어야 한다.

이러한 모방 혹은 형식적 차용은 한계가 있다. 그 모방이 너무나 정확하거나 지나치게 밀착되어 있으면 그것은 더 이상 모방이 아닌 본질이 된다. 그리고 다시 한번 직관을 발휘해야 한다. […]

1913?

나로 존재하기라는 지옥

　나로 존재하기라는 지옥, 분명한 한계, 머나먼 우주의 추방-존재로 머물 것이다. 신도 없이, 인간도 없이, 세상도 없이, 온전한 진공인간도 없이, 의식적인 무^無의 불멸, 이름 없는 공포, 미스터리와 삶 그 자체로부터의 추방으로 머물 것이다. 나라는 영원한 죽음의 사막에서, 나를 내팽개친 창조의 추상적 오류 속에서 살 것이다. 존재로 회귀하려는 무의미한 열망을, 덧없이, 영원히 내 안에서 불태워버릴 것이다.
　느낄 수가 없으리라. 느낄 수 있는 물질이 없을 것이기 때문에. 기쁨이나 슬픔, 공포를 내뱉을 수 없다. 그것들을 느낄 수 있는 장치가 없기 때문이다. 아무것도 없는 지옥에 대한 추상적인 지각, 절대적인 내용 없음, 영원하고 절대적인 질식이 없기 때문이다. 신의 구멍, 우주 없는, [_]
　공포로 인한 만장일치의 고함이 우리를 마치 하나가 된 것처럼 갈기갈기 찢어버린다. 죽어가며 그 고함은 사라지고, [_] 인간과 형체와 존재가 사라질 뿐이었다.
　공중에, 공간 속에, 영혼에, 내 존재가 **결여되었다.**

　　　　　　　　　　　　　　　　　　　　1913?

인위의 미학

삶은 삶의 표현을 방해한다. 삶에서 진정으로 위대한 사랑을 경험했다면, 그 사랑에 대해 결코 이야기할 수 없다.

나는 여러분들에게 이 여러 페이지를 통해서 보여지는 내 자신이 정말로 존재하는 건지, 아니면 내 자신에 대해 스스로가 만들어낸 미학적이고 허구적인 개념인지 알 수 없다. 정말로 그렇다. 나는 미학적으로 타인이 되어 산다. 나의 존재와는 아주 다른 물질로 나의 삶을 조각했다. 가끔은 나도 내가 낯설다. 나 자신으로부터 이렇게 멀리나 떨어져 나온 내가, 나 자신의 의식을 순수하게 예술적인 방식으로 고용한 내가. 이 비현실 속에 남겨진 나는 누구인가? 모르겠다. 분명 누군가이기는 하다. 나 스스로가 살아 있고 움직이고 느끼기를 노력하지 않는 것은, 나의 것이라고 가정된 성격으로 **만들어진** 문장들을 당황시키지 않기 위함이다. 지금의 내가 아닌 내가 원하는 무언가가 되고 있다. 나를 파괴하면서 사는 것처럼. 예술작품이 되고 싶다. 적어도 영혼만큼은. 몸은 이미 그렇게 될 수 없기 때문에. 그리하여 나는 고요와 소외 속에 나를 조각하였고, 맑은 공기와 밝은 불빛에서 멀리 떨어진 온실 속에 나를 놓아두었다. 그곳에서 나의 인위성이, 부조리의 꽃이 괴리된 아름다움으로 피어날 것이다.

    이따금 생각한다. 내 꿈들을 모두 모아 하나의 연속된 삶으로 창조해내 그 인물들과 같이 살아가고 같이 고통을 느끼고, 이 가짜 인생을 즐기면서 몇 날이고 상상으로 공생한다면 얼마나 좋을까 하고. 그렇다면 나에게 큰 불행이 닥칠 것이다. 동시에 큰 기쁨이 나에게 떨어져 내릴 것이다. 그리고 그 어느 것도 진짜는 아닐 것이다. 그러나 아주 그럴듯한 원리를 갖출 것이다. 육감적인 가짜의 리듬에 따라, 내 영혼이 만들어낸 도시 속에서 걸으며, 한적한 만의 해안가를 따라 부두까지 배회하며, 내게로부터 아주 멀리, 아주 멀리까지⋯ 이 모든 것이 마치 외부의 삶과 똑같이 선명하게, 흔들리면서도, 한편으로는 미학적이고 태양의 [_]로부터 동떨어질 것이다.

                                                        1914?

무관심의 미학

꿈꾸는 이가 추구해야 하는 것은 그 어떤 것에서 야기된 것이든, 사물로부터 선명한 무관심을 느끼는 것이다.

즉각적인 본능으로 모든 사물과 모든 사건으로부터 꿈꿀 만한 요소들을 추상화하고, 그것의 실제 요소가 포함되어 있는 **외부 세계**에 죽은 채로 놔두는 법을 아는 것. 이것이 바로 지혜로운 자들이 자신 안에서 실현하도록 추구해야 하는 것이다.

단 한 번도 진정으로 감정 그 자체를 느껴본 적 없다. 다만 그 창백한 쾌락을 야망과 열망과 욕망을 무심하게 바라볼 수 있을 정도까지 고양시킬 뿐이다. 자신의 기쁨과 슬픔을 지나쳐 걷는다. 마치 무엇에도 흥미 없는 누군가처럼.

자기 자신에 대한 가장 큰 지배력은 자기 자신, 즉 자신의 영혼과 몸에 대한 무관심이다. **운명**은 우리 삶이 그 집과 마당에서 생을 보내길 바랐겠지만 말이다.

우리 자신의 꿈과 내밀한 욕망을 바로 마주하지 않으려는 내적 섬세함을 발휘하되, 그것을 존중하며, **위대한 영주처럼** 대하라. 자기 스스로에게 낯을 가려라. 우리의 현존에는 우리만 있는 것이 아니라는 것과 우리 자신에 대한 증언이 바로 우리라는 것, 때문에 낯선 사람 앞에서처럼 우리 자신 앞에서도 외부의 차분하고 예의 바른 선을 지키며 고귀하기 때문에 무심하고, 무심하기 때문에 차갑게 행동하는 것이 중요하다는 것을 깨달아라.

우리 자신의 눈을 낮추지 않기 위해서는 그 어떤 야망도 열정도, 욕망도 기대도, 충동도 불안도 갖지 않는 상태에 익숙해지기만 하면 된다. 이런 상태가 되기 위해서는 우리가 언제나 우리의 모습으로 존재하며, 결코 혼자가 아니라는 것을 기억해야 한다. 그때 우리는 편안한 상태로 존재할 수 있을 것이다. 이런 식으로 야망과 열망을 다스려야 한다. 열망과 야망은 우리를 파괴하는 것이기 때문이다. 욕망과 기대도 갖지 말아야 한다. 욕망과 기대는 품위 없고 거친 몸짓이기 때문이다. 충동과 불안 역시 갖지 말아야 한다. 서두름은 다른 사람들이 보기에 섬세하지 못한 것이며, 조바심은 언제나 추하기 때문이다.

귀족이란 자신이 결코 혼자이지 않다는 것을 아는 사람이다. 귀족에게는 관습이나 규약들이 그들의 특권이다. 귀족성을 내면화시켜야 한다. 응접실과 정원에서 귀족을 끄집어내어 우리의 영혼과 존재하고 있다는 의식 속을 걷게 해야 한다. 그리고 항상 관습과 규약 속에, 교양 있고 타인을 향하는 몸짓 속에 우리 스스로를 위치시켜야 한다.

우리를 구성하는 개개인은 하나의 완전한 사회이자, 온갖 **신비**가 모여 사는 마을이다. 적어도 이 마을의 삶은 품위 있고 특별해야 한다. 그 마을에서 벌어지는 우리 감각들의 축제는 정교하고 겸손하며, 우리 생각들의 연회는 차분하면서도 매너 있을 것이다. 우리를 중심으로 다른 영혼들이 그들의 지저분하고 보잘것없는 마을에서 나타날지 모른다. 그것들이 우리가 어디서 끝나고 시작되는지를 분명하게 표시해줄 것이다. 그리고 우리로 구성된 건물들의 정면부터 수줍게 숨겨진 벽감까지, 모든 것은 신사답고 평온하며, 고귀하게 조각되어 있거나 소리 없이 전시되어 있을 것이다.

각각의 감각을 마주하는 법을 아는 것은 그 감각을 실현시키는 고요한 방식이다. 사랑을 한다는 것은 사랑에 대한 꿈의 그림자로 축약될 수 있다. 창백하고 떨리는 두 개의 작은 파도 꼭짓점 위로 일렁이는 달빛처럼. 욕망을 무용하고도 무해한 것으로 만든다. 영혼이 자기 자신에게 부드러운 미소를 내보이는 것처럼. 실현시키거나 말로 표현하리라고는 생각해보지 못한 어떤 것을 만들어내는 것이다. 마치 감금된 뱀처럼 증오 속으로 잠재우고, 내 눈빛, 내 영혼의 눈빛 속의 고뇌만을 지키고 있던 두려움에게 말을 건다. 그것만이 유일하게 미적일 수 있는 태도이다.

1914?

꿈에 대하여

　나의 내면에 정당과 혁명과 정치적 규율이 있는 국가를 세운다. 내가 그 국가 전체가 되고, 내가 실질적 범신론의 신이자 그 신의 신도가 되며, 내 몸과 영혼의 행위의 본질이 되며, 그 행위를 행하며 밟는 땅의 본질이 된다. 모든 것이 된다. 이 모든 것이자 이 모든 것이 아닌 것이 된다. 나의 외침! 이것은 아직 이루지 못한 내 꿈 중 하나이다. 이를 실현한다면 어쩌면 죽을지도 모른다. 그 이유는 알 수 없지만, 이것 이후에도 살 수는 없는 것 같다. 꼭 신에 대한 신성모독이며, 모든 존재의 신성한 권위를 찬탈하는 것만 같다.
　감각의 예수회주의를 창조할 수 있다면 얼마나 좋을까!
　사람들이 길에서 걷는 것보다 더 현실적인 비유가 있다. 책 한 귀퉁이의 이미지에는 너무나 많은 남자와 여자들이 선명하게 살고 있다. 너무도 명백하게 인간적인 개인성을 가진 문학적 문장이 있다. 내가 쓴 문장들의 발자국들이 내 두려움을 식혀준다. 내가 너무나도 선명하게 느끼는 사람들, 내 방벽 한편에서 너무도 뾰족하게 튀어나온 듯한, 밤과 그림자와 [_]. 그간 나는 소리를 숨길 수 없는 문장들을 써왔다. 그 소리가 높든 낮든, 그 소리는 분명 절대적인 외부와 내면의 영혼으로부터 획득한 것이었다.

왜 나는 간혹 꿈꾸는 것과 꿈꾸는 법을 배우는 것이라는 모순적이고 공존할 수 없는 절차에 스스로를 내몰까? 왜냐하면, 어쩌면, 그건 내가 거짓을 진실처럼 느끼는 데 익숙해져 있기 때문이고, 참과 거짓 사이를 인간의 판단력으로 구분하지 못하기 때문이다.

실재의 것을 느끼기 위해서라면 나의 두 눈과 두 귀로, 그 외의 그 어떤 감각으로 선명하게 보는 것만으로도 충분할 것이다. 동시에 결합될 수 없는 두 가지 무언가를 느끼는 것도 가능할지 모른다. 별문제 아니다.

오랜 기간 고통스럽더라도 액자나 카드 속 그림처럼 언제나 똑같은 형상을 유지하는 것이 가능한 피조물들도 있다. 오늘날에는 더 이상 중세의 사람으로 살아갈 수 없다는 것이 저주처럼 영혼을 무겁게 짓누르는 이도 있다. 내게는 이런 고통들이 알맞은 시간에 찾아온다. 오늘은 찾아오지 않았다. 이 이상의 것으로 승화시켰다. 그러나 아프다, 예를 들면, 여러 왕국에 속한 두 명의 왕을 꿈에서 볼 수 없다는 것이, 또 다른 예를 들면, 여러 시간과 공간 속의 우주를 꿈에서 볼 수 없다는 것이. 이런 꿈을 꿀 수 없다는 것이 나를 진정으로 아프게 한다. 나를 허기지게 한다.

이해할 수 없는 것들을 꿈으로는 꿀 수 있다. 시각화시킨다는 것은 내가 되지 않는 탁월한 방법 중 하나다. 평소에는 쉽게 될 수 없는 위대한 내가 될 수 있다. 예들 들어, 동시에, 분리된 채, 그 어떤 혼동도 없이, 나는 꿈에서 남자와 여자가 될 수 있다. 이 남자와 여자는 강가를 따라 걷는다. 동시에 나를 바라본다, 동일한 선명함으로, 동일한 방식으로, 그 어떤 뒤섞임도 없이, 동일한 총체성을 가진 두 개의 물질이 되어, 남쪽 바다 위 의식의 배와 오래된 책 속 인상 깊었던 페이지처럼. 이렇게 보인다는 것이 얼마나 말도 안 되는 일인가! 그러나 모든 것이 말이 안 되는 일이다. 그에 비하면 꿈은 그나마 말이 되는 일이다.

1914?

무제

우주만큼 다수多數가 되어라!

1914?

무제

자기 분열은 여러 번의 자위행위를 통해 일어나는 현상이다.

1914?

한데로 모아질 수 없는 생각들

한데로 모아질 수 없는 생각들, 중구난방의 신념들이 내 안에 있다. 결코 생각한 적도, 말로 해본 적도, 실천해본 적도 없는 것들이다… 생각하고 말하고 실천하는 것은 내겐 언제나 그 당시에 체현하고 있는 그 어떤 꿈일 뿐. 자아-타인에 대해 말할 것이고 말한다. **나의** 것에 관해서는, 그저 감당할 수 없는 불가능성과 압도적인 진공, 삶의 모든 영역에서의 무능력을 느낄 뿐이다. 그 어떤 현실의 행위나 몸짓도, [_] 알 수가 없다.

존재하는 법을 배운 적은 한 번도 없다.

내가 이루고 싶은 것은 모두, 내 안에서 곧장 실현된다.

이 책을 읽는 당신이 생생한 악몽을 꾸는 듯한 인상을 받기를 원한다.

과거의 사람들이 도덕적이라고 생각했던 것이, 오늘날 우리에게는 미적인 것이다… 과거에 사회적이었던 것이, 오늘날에는 개인적인 것이다.

이미 내 안에 수천의 다채로운 땅거미를 지니고 있다면,

(그중 일부는 땅거미가 아닌 것도 있다) 굳이 땅거미를 바라봐야 하는 이유가 있을까, 만약 그렇다면, 내 안의 땅거미를 바라보는 것 말고도, 나 자신이 내 안에서 땅거미일 수는 없는 걸까?

                                                    1914?

진실되지 못한 문학에 대하여
—아르만두 코르테스 호드리게스*에게 보내는 편지

[…]

편지하겠노라고 약속한 뒤로 얼마나 나의 내밀하고 박애적인, 오래전부터 나를 관통해온 정신적 위기의 본성을 지닌 '케이스'에 대해 말해주고 싶었는지 모른다네. 평소에 내가 말이 없는 편이긴 하지만, 이것만은 누군가에게 말해야겠다는 생각이 들었고, 그 누군가는 다른 어떤 이도 아닌 바로 자네여야 한다네. 내가 아는 무수히 많은 이들 중에서 오직 자네만이, 나의 정신적인 실체성의 수준을 정확하게 파악하고 있기 때문이지. 자네가 나를 이해할 수 있는 이유는, 자네 역시 나처럼 근본적으로 종교적인 영혼의 소유자이기 때문이야. 그리고 문학적으로 교류하는 내 주변의 이들 중에서 (그들이 문학적으로는 더 뛰어날지 몰라도) 자네만큼 잘 아는 이가 없다네. **영혼들**은, 제대로 된 방식으로 셈하지도 않고, **삶**의 무시무시한 중요성에 대해서도 인식하지 못한다는 것을 (내게는 그것이 일상이지만) 말이야. 이 인식이란 우리로 하여금 단지 예술만으로 예술이 되게 하는 것을 불가능하게 만들고,

---

*   Armando Côrtes-Rodrigues. 포르투갈 작가.

우리 스스로를 위해 그리고 인류를 위해 실행해야 하는 의무를 저버리기도 하지.

서두의 이 설명은 이내 큰 문제를 가져오게 된다네. 어떻게 자네에게 조리 있게, 더 완전하게 명징한 방법으로 설명해야 하는지 모르겠어. 그러나 이 편지로 내가 할 수 있는 최선을 다해보겠어. 그러고 나면 자네는 자네의 영혼 속 흩어지고 뒤바뀐 요소들을 잘 정돈하게.

내가 겪고 있는 위기는 내 영혼의 아주 심각한 위기로, 타인과의 공존이 아닌 나 자신과의 공존이 불가능하다는 종류의 위기라네. 그러나 지금은 나 자신과 공존하지 못하는 것이 아니야. 내가 차근차근 획득해온 나의 자기 규율이 내 안에서 그리도 조화에 취약했던 수많은 나 자신들을 통합시키는 데 성공했거든. 여전히 내가 원하는 그 통합을 이루기까지는 내 영혼 속에서 가꾸어 나가야 할 것들이 많긴 하지만, 그렇다고 이 문제 때문에 내가 지금 이렇게 불안에 떨고 있는 것은 아니라네.

타인과의 공존 불가라는 위기—폭력적인 공존 불가, 마치 그 다름을 선언해버리는 결말처럼, 선명한 **양측**. 그런 것이 아니야. 다른 이야기를 하려고 해. 공존 불가란 내게는 마치, 내 안에서, 나를 둘러싸고 있는 것들 사이의 분기점이라고 느껴진다네. 지금 내가 가족들과 멀리 떨어져 혼자 살고 있다는 이 사실이, (내가 살고 있는 집이 친척의 집이긴 하지만, 친척은 딸이 스위스의 연금 수령자인 청년과 얼마 전 결혼하게 되어 지금 스위스에 있지) 이런 내 영혼의 상태를 더욱 심화시키며, 나를 벌거벗겨 내 영혼 옆에 뉘였어. 나 말고는 내 관심을 쏟을 수 있는 가까운 가족의 관심과 애정의 사각지대에 있는 것이네.

 때문에 몇 달을 우리는 계속해서 나를 둘러싼 존재들과의 본질적인 공존 불가능에 대해 생각하고 또 생각했지. 특히 나와 가까운 친구들, 당연히 문인들이겠지, 그 외 내가 정신적 친밀함을 가질 수 있는 이들은 인간이 아니긴 하지만, (사회적 관계에서 내가 모든 사람들과 잘 지내는 것처럼) 나도 그것들과 잘 지내고 있어.

 내 주변의 그 누구에게서도 나의 내적 감각과 나의 열망과 야망, 내 은밀한 영혼의 본질과 근간을 형성하는 그 모든 것을 **정확하게 타격하는** 인생의 태도를 만나지는 못했어. 물론 어떤 문학적 활동들은 내 진심의 주변을 맴돌기도 했지. 그러나 그것만으로는 부족해. 점차 깊어지는 나의 감각에게로, 두려운 종교적 사명보다도 점차 커지는 나의 의식에게로, 모든 신이 내린 천재적 인간은, 순수예술과 문학적 성과에 한해 점점 조금씩 공허하고 역겨운 소리를 낼 것이야. 조금씩 조금씩, 그러나 안전하게, 발전하는 내적인 신성한 성취 속에서, 그 목표는 알 수 없으나, 내 의도와 내 야망을 점차 내가 수여받은 자질의 정도까지 끌어올릴 것이야. 인류를 향한 어떠한 움직임, 시민들을 위한 나의 모든 노력과 헌신들이 내 인생의 아주 막중하고 중대한 목적이 되지. 이렇듯, 예술을 한다는 것은 점차 중요한 무언가이자 두려운 사명이 되는 것이지. 아주 열심히, 수도승처럼 이뤄내야 하는, 이 모든 예술작품들과 시민사회의 창조주의 눈에서 피할 수 없는 사명. 그리하여 나 스스로의 예술에 대한 미적 개념이 순수하게 떠오르고 복잡하게 뒤엉키거나 자신에게 완벽과 아주 공들인 결과물을 요구하게 돼. 절대적인 완벽과 종합적인 연속성에 대한 압박을 느끼게 한단 말일세.

환하게 빛나는 저속한 야망이 나를 스쳐 간다네. 또 다른, 엄청나게 저속한, 견딜 수 없는 예술가의 천박함의, 놀라게 해주고 싶은 야망이. 더 이상 '상호교차주의'* 구상에 대단한 열정과 열의를 쏟아붓지 않으려 해. 지금은 나 자신에 대해 오롯이 연구하고 또 검토해야 하는 시기니까. 그러나, 이반*-헛소리를 주창하기로 결심한 이상, 더 이상 이것은 반*-헛소리가 아닌 무언가가 되지. '추잡스러운' 선언문은 발표하지 않을 것이네. 그림과 도표 몇 개는 발표할지도 모르겠지만. 이 헛소리는 한순간, 일시적으로, 병적인 과도기에, 저속하게 (다행히도 비범하게) 나를 즐겁게 해주거나 내 이목을 끌지. 이 흐름을 발표하는 것이 어쩌면 유익할지도 모른다고 생각해. 그러나 순수하게 예술적인 목적이 아닌, 더 깊게 생각해보면, 국가적 정신 기치로 행동의 기준이 될 수 있는 선전용으로 따로 떼어 사용할 수 있을지도 모르겠어. 신념과 감정의 새로운 흐름들에 의해서 우리를 침체로부터 끌어내도록

---

* 페소아는 본격적으로 이명(異名)을 고안하기 시작한 1913년부터 1915년까지 수렁주의(Paulismo), 상호교차주의(Interseccionismo), 감각주의(Sensacion-ismo)라는 모더니즘 문학 운동을 전개한다. 수렁주의는 1913년에 쓴 시 「수렁들(Pauis)」에서 따온 이름으로, 상징주의를 발전시킨 것이며, 상호교차주의는 1914년에 쓴 연작시 「비스듬한 비: 페르난두 페소아의 상호교차주의 시들」을 통해 전개한 이성과 감성의 조화를 중시한 사상이다. 감각주의는 개인의 감각을 통한 현실의 인식을 중시한다.

모든 방면에서 적용되고 작동될 수 있게 말이야. 그만큼 이 애국주의적 발상은 늘 어느 정도 나의 목적과 일치하고 이제 내 안에서 커지고 있어. 나의 창작 활동을 통해 포르투갈의 이름을 드높일 수 있는 예술, 그런 예술이 아닌 예술은 생각하지도 않아. 이는 예술과 삶을 진지하게 대한 결과이지. 이 수상한 세상과 슬픈 장면을 종교적인 시선으로 바라보는 이에게 그 자신의 의무를 대하는 다른 어떤 태도는 존재하지 않는다네.

    자네에게 이 모든 것을 서툴게 설명하고 있지. 내가 양심이 있다면 이 편지를 갈기갈기 찢어야 할 정도야. 그러나 자네라면 내가 느끼는 것, 내가 믿는 것, 나를 기쁘게 하는 것, 내 안에서 상승하는 나의 발전을, 자네의 그 우정으로, 이해해주겠지.

    다시 내 얘길 해보지. 수년간 느끼는 법을 수집하며 온 세상을 떠돌아다녔다네. 모든 것을 보고 모든 것을 느끼고 난 지금은 나 자신을 내 영혼의 집에 감금시키고 몰두해야 할 때지. 내가 할 수 있는 최대한, 시민사회의 발전과 인류 의식의 확장을 위해 말이야. 지나치게 다각이고, 모든 것을 수용할 수 있으며, 언제나 스스로에게 낯설고, 자신 안에 그 어떤 연결점도 없는, 이 위험한 나의 방식으로 이것을 피할 수 있기를(없기를).

    확실한 것은 카에이루-헤이스-캄푸스의 작업들을 이명으로 발표하겠다는 나의 의지는 여전하다는 거야. 이것이야말로 내가 믿고 삶으로 경험한 문학의 총체이며, 직접 느꼈기 때문에 진실된 것이고, 논쟁의 여지가 없이 다른 사람들의 영혼에도 도움이 되는, 그런 영향력을 가진 한 흐름을 구축할 것이라네. 내가 진실되지 못한 문학이라고 부르는 것은 알베르투 카이에루, 히카르두 헤이스, 알바루 드 캄푸스(그 인간됨, 최후의 것, 그들이 오후와 밤에 대해 쓴 시) 그 자체를 두고 말하는 것이 아니야. 바로 **타인이 되어,** 마치 드라마처럼 쓴 것들을 말해. 반면 진실된 것이란 (나는 이 단어를 특히 중시하지) 셰익스피어가 아닌, 그가 창조해낸 리어왕이 말하는 것이지. 진실되지 못한 문학이란 내게는 그저 대중을 놀라게 하기 위해 쓰인 것들이며, 또한 (**여기가 특히 중요하니 잘 보게**) 근본적인 형이상학적 관점이 없는, 때문에 마치 바람처럼, 인생의 신비로움과 무게의 개념을 그냥 지나치는 것을 의미할 뿐. 때문에 내가 카에이루, 헤이스, 알바루 드 캄푸스의 이름으로 쓴 것들은 모두 진솔하다네. 이 작품들 안에 삶의 진정한 의미를 부여하고자 했으며, 세 명의 다양성을 유지하면서도 존재하기의 비밀스러운 중요성을 알고 세 사람 모두가 진지하게 임하도록 했지. 그렇기 때문에 「수렁들Pauis」도 그렇고 내가 언젠가 몇몇 부분만 따로 낭독한 적 있는 상호교차주의적 「선언Manifesto」도 그다지 진솔하지 않아.* 이 글들을 쓸 때 나는 마치 광대가 된 것처럼 독자들을 대했지. 지금은 이러한 감사하는 종류의 태도와는 너무 멀어진 듯 느껴진다네.

    내가 한 말들이 참으로 선명하지도 명확하지도 않다는 걸 알고 있어! 그러나 얼른 할 말을 모두 해야겠네. 오늘이 벌

---

*   「수렁들」과 「선언」은 페소아의 모더니즘 문학 운동이었던 수렁주의와 상호교차주의의 대표작이다.

써 19일이고 나는 자네의 영혼과 이런 주제에 대한 대화를 더 이상 미루고 싶지 않아. 전에도 말했듯이 자네는 내 친구들 중에서 유일하게 나의 이런 생각들을 잘 이해해주고, 이런 편지를 써도 과대망상증이라거나 종교에 미쳤다거나 인생의 골치 아픈 수수께끼에 말려든 놈이라고는 생각하지 않고, 그저 이 모든 것을 나와 공감하려 할 테니 말이야.

    이런 태도가 얼마나 내 주위의 사람들과 조용하게 불화를 만들어왔는지 자네에게 설명을 해보려 해. 물론 나의 아주 내밀한 점이나 내 주변 사람들이 도저히 이해할 수 없는 것들에 대해서는 말하지 않겠지만 말이야. 눈에 띄는 과격한 불화는 아니지만, 장난삼아 예술을 하거나 재미만을 위해, 혹은 그저 잘 꾸며진 방을 얻으려고 예술을 하는 그런 열등한 목적을 가진 이들은 참아줄 수가 없어. 이런 종류의 예술은 내가 원하는 것을 표현하기만 하면 그만이라네. 저 너머의 가치나 다른 목적의식 없이 그저 **장식적인** 예술을 하면 되거든. 여기에서 나는 '위기'를 느끼네. 이 위기는 내가 슬퍼하는 그런 위기가 아니야. 여행에서 뒤처진 동행에게 느끼는 그런 위기지. 이 여행은 사람들이 너무 생각이 많고 심각해서 한숨 돌리기 위해, 말하자면 **미지의** 곳으로, 우리의 무의식이 발걸음을 이끄는 집으로 향하는 그런 여행이야. 이 여행에서, 내 사랑하는 친구여, 영혼들과 별들 사이, 공포의 숲을 지나, 신이, 무한한 길의 끝에서, 그의 위대한 고요 속에 기다리고 있다네…

    좋은 것인가 나쁜 것인가 모르겠지만 (당연히 나쁜 것이겠지) 자네에게 모두 밝혔네. 이렇게 말하고 나니 흡족해. 자네의 영혼이 나의 깊은 슬픔을 우정과 동정으로 포용해주리라 생각하니 더욱 행복하네. 그리고 부탁하자면, 이 모든 것은 비밀로 해주게… 하기야, 자네가 누구에게 이야기를 하겠나?

    […]

1915. 01. 19.

다양한 이름으로

다양한 이름으로, 다양한 종류의 다양한 작품을 발표할 것이다. 그 작품들은 서로서로 모순될 것이다. 때문에 사회적 의무처럼 일종의 극작술이 필요하다.

결국에는 미지의 법칙에 의해 관리되고 추진되는 사회적 흐름이 널리 퍼질 것이다. 때문에 다양한 흐름을 반영하는 인격체를 만들어내고, 이 흐름이 무의식이 되는 특정한 성격을 선명하게 부여할 것이다. (나 자신이 문학 그 자체가 되는 것이다.)

마찬가지 방법으로 인격체들이 갖고 있는 것과 반대되는 사회적 흐름에도 의식을 부여하고자 할 것이다.

모든 것을 내 이름으로 출판하지는 않을 것이다. 나 스스로 모순이 생기기 때문이다. 그리고 모순이란 열등한 것이기 때문이다.

보다 종합적이고 중립적으로 보이는 성향의 연장선에 있는 이론들, 나의 성격과 잘 맞는 표현들은 내 이름으로 발표할 것이다. 그러나 본명으로 발표하는 작품들이, 만들어낸 이름으로 발표한 것들보다 더 진실되다고 판단해서는 안 된다.

1915

무제

[…]
자기 자신을 여러 겹으로 만드는 것이 필요하다.

1915

개인적 메모*

[…]

정해진 유형의 문학은 그만두었다. 공부나 유희를 목적으로 읽을 수는 있다. 그러나 나로서는 더 배울 것이 없고, 책에서 얻을 수 있는 유희라는 것도 자연과의 교감으로 대체할 수 있거나 삶을 성찰함으로써 직접적으로 누릴 수 있는 것이다.

나는 지금 문학예술의 근본적인 법칙을 완전히 파악하고 있다. 더 이상 셰익스피어가 알려주는 은근함의 매력이나 밀턴이 알려주는 완성도를 배울 필요가 없다. 내 지능은 내가 욕망하는 그 어떤 감정도 취할 수 있고 언제든 그 어떤 영혼의 상태에도 진입할 수 있는 유연함의 경지에 도달했다. 이러한 것들을 이루기 위한 노력과 괴로움과의 싸움에서 이길 수 있는 방법을 알려주는 책은 없다.

그렇다고 내가 문학예술의 폭정을 떨쳐냈다는 것은 아니다. 단지 나 자신의 주체적 상태를 받아들였을 뿐이다.

1915?

내가 누구인지, 어떤 영혼을 가졌는지 모른다

내가 누구인지, 어떤 영혼을 가졌는지 모른다.

진실되게 말한다고 할 때 나는 어떤 진실함으로 말하는지 모른다. 나는 또 다른 누군가인지도 모르는 하나의 나와는 다른 다양한 타인이다.

내가 갖고 있지 않은 신념을 느낀다. 내가 거부하는 열망에 스스로 매료된다. 나에 대한 나의 지속적인 관심은 지속적으로 내게 어쩌면 내가 가지고 있지도 않고 갖고 있다고 생각하지도 않는 인물에 대한 영혼의 배신을 알려준다.

나는 다수인 나를 느낀다.

나는 마치 환상 속의 수없이 많은 거울들이 가짜 반사체로 굴절하며 그 가운에 유일한 진짜는 어디에도 없고 동시에 어디에나 있는 방이다.

범신론자가 파도와 별과 꽃을 느끼듯이, 나는 여러 존재를 느낀다. 내 안에서, 거짓 자아 속에서 종합된 비非-자아들의 총합으로 개별화된, 불완전한 개개인으로, 낯선 삶을 사는 나를 느낀다.

1915?

모든 감각은 좋은 것

 모든 감각은 좋은 것이다. 그것을 행동으로 축소시키려 하지 않는다면 말이다. 행위란 밖으로 내다 버린 감각이다.
 감각은 영혼의 두 손으로 삶의 가장자리에 핀 꽃들을 꺾어 모으며 안으로 움직인다.

 생각으로 점철되어 나타나는 정신의 노예 상태와 싸워라. 생각을 종합하는 법을 배우는 것이 아니라, 영혼을 조각조각 깨부수는 법을 배워라. 감각을 동시에 발현하는 법을 알고, 자기 자신의 영혼을 분산시키며 퍼트리고 분해하라.
 우리는 사회적이고 정치적인 삶으로 인해 거대한 역동의 무관심을 갖는다. 이러한 무관심에 관심을 가질수록, 가벼운 이론들과 무미건조한 가설들을 구성하는 것에만 연연하게 될 뿐이다.

1915?

새로운 감각을 갖는 유일한 방법은

　새로운 감각을 갖는 유일한 방법은 새로운 영혼을 구축하는 것이다. 새로운 방식으로 바꾸지 않고 새로운 것을 느끼려 한다거나, 영혼을 바꾸지 않고 새로운 방식으로 느끼려 하는 것은 헛수고다. 사물들은 우리가 느끼는 그대로이기 때문에(이런 것을 모르고 우리는 얼마나 안다고 생각해왔는지) 새로운 것을 느끼는 유일한 방식은 새롭게 느끼는 것이다.
　영혼을 바꿔야 한다. 어떻게? 자신을 발견하면 된다.
　태어나서 죽을 때까지 우리의 영혼은 마치 우리의 몸처럼 서서히 변한다. 어떤 병에 걸리거나 그 병을 회복하면 몸에 빠른 변화가 일어나는 것처럼, 영혼에도 이런 빠른 변화의 방식을 조율해야 한다.

1915?

예술이란 진실을 암시하는 거짓

[…]

예술이란 진실을 암시하는 거짓이다.

그러나 진실은 객관성의 개념에 불과하다.

예술작품은, 그러므로, 객관적인 성격을 가진 거짓이다.

객관성의 성격이란 다음과 같다. ① 다수성, ② 나의 개인적 성격으로부터 독립성—나를 지배하기는 하지만 나의 성격들의 원인이 되지는 않으므로, ③ 치명성—내가 자유롭다고 느낄 때 나의 의식은 마치 우주의 일원이 되어야만 하는 중압감을 느끼며, 나의 외부의 우주에 대해 불변하는 법칙으로 노예가 된 듯 느끼기 때문에. 나의 이런 인상들도 모두 거짓임을 잘 알고 있다. 나는 애초에 하나이지도, 자유롭지도, 나 자신을 지배하지도 않기 때문이다. 그러나 하나의 감각에 대해서만큼은, 그 감각이 아니고서는 진실을 추구할 수 없다.

1915?

무정부주의

밤과 혼돈은 나의 일부이다. 현실 세계 이전부터 존재했다. 별들의 침묵이 나의 소속이다.

나는 아마도 우주의 크기와 그것을 초월하게끔 하는 원인이다. 나를 만나려면 꽃들 속에서, 새들 속에서, 들판과 도시 속에서, 행위 속에서, 단어들 속에서, 인간들의 생각 속에서, 태양의 빛과 이미 멸망한 세계의 잊혀진 잔해 속에서 나를 찾아야 할 것이다.

점점 더 자랄수록, 내가 아니게 된다. 점점 더 나를 만날수록, 나를 잃는다. 점점 더 나를 느낄수록 나는 내가 꽃이고 새이고 별이고 우주인 것을 본다. 나를 정의 내릴수록, 나는 더욱 한계가 없어진다. 나는 모든 것을 넘치게 한다. 내면의 심연 속에서 나는 신과 마찬가지다.

오늘날 나의 존재는 삶에 대한 과거의 생각들과 대지보다도 더욱 오래된 시간들, 세상이 존재하기 이전 공간의 광채로 나누어져 있다.

별이 탄생하는 밤에 나는 별자리로 존재한다.

아무리 멀리 있는 별이라 해도 그 어떤 원자 하나 나의 존재에 조력하지 않는 것 없다.

아폰수 엔히크스*가 존재했기 때문에, 나 역시도 존재한다. 누누 알바르스**가 싸웠기 때문에, 내가 존재한다. 바스쿠 다 가마가 인도로 가는 항로를 발견하지 않았다면, 폼발*** 재상이 27년간 통치하지 않았다면 나는 다른 존재였거나, 존재하지 않았을 것이다.

셰익스피어는 나의 일부이다. 나를 위해 크롬웰은 영국을 위해 일했다. 헨리 8세가 로마 교황청과 결별함으로써 오늘날의 나를 만들었다.

아리스토텔레스는 나를 위해 생각했고, 호메로스는 나를 위해 노래했다. 이 깊고도 신비로운 의미에서, 그리고 그 어떤 진리보다도 더 참된 의미에서, 예수는 나를 위해 죽었다.

2,000년 전쯤 살았던, 정말로 살았는지는 알 수 없는, 신비로운 인도인이 지금의 나의 존재를 만드는 데 조력했다. 유교적 도덕 가치관이 오늘날 나의 존재에 못 박았다. 불을 발견한 최초의 인간이, 바퀴를 발견한 최초의 인간이, 화살을 생각해낸 최초의 인간이, 내가 오늘날 존재할 수 있는 이유들이다.

1915?

---

*   Afonso Henriques. 포르투갈 초대 왕.
**   Nuno Álvares. 카스티야 왕국으로부터 독립을 이끌어낸 포르투갈의 군사 사령관.
*** Marquês de Pombal. 1755년 리스본 대지진 이후 도시를 재건한 정치인.

감각주의

느낀다는 것은 창조하는 것이다. 그렇다면 느낀다는 것은 무엇인가?

느낀다는 것은 생각 없이 사고하는 것이며, 때문에 느낀다는 것은 이해하는 것이다. 마치 우주가 생각을 하지 않는 것처럼.

의견을 가진다는 것이 느끼는 것은 아니다.

우리의 의견들은 사실 타인의 것이다.

사고한다는 것은 자신이 느끼는 것이 무엇인지 판단한 것을 타인에게 전달하기를 원하는 것이다.

생각한 것만이 타인과 공유될 수 있다. 느낀 것은 의사소통이 불가능하다. 단지 느낀 것의 **가치**에 대해 대화할 수 있을 뿐이다. 느낀 것은 느끼게 할 뿐이다. 독자는 같은 것을 느끼지 않을 것이다. 단지 같은 방식으로 느낀다면 그것으로 충분하다.

느낌은 생각이 영혼을 가둬둔 그 감옥의 문을 연다.

명료함은 영혼의 문지방까지만 도달할 수 있다. 감정의 대기실에서는 명백하게 설명되는 것이 금지된다.

느낀다는 것은 이해하는 것이다. 생각하는 것은 오류를

범하는 것이다. 다른 사람이 생각한 것을 이해하는 것은 사실 그 생각과 불화하는 것이다. 다른 사람이 느낀 것을 이해하는 것은 그 사람 자체가 되는 것이다. 다른 이가 된다는 것은 엄청난 형이상학적 유용성을 갖는다. 신은 모든 인간이다.

보고, 듣고, 냄새를 맡고, 맛보고, 만져보는 것. 이것만이 신의 율법의 유일한 계명들이다. 감각이 신성한 이유는 감각을 통해 우주와 연결되며, 우주를 통해 신과 연결되기 때문이다.

이상해 보일지 몰라도, 두 눈으로도 들을 수 있고, 두 귀로도 볼 수 있으며, 향기를 보거나 듣거나 만질 수도 있고, 색깔과 소리를 맛볼 수도 있다. 이렇게 무한한 방식이 가능하다. 방법은 개발하기 나름이다.

행동하는 것은 불신하는 것이다. 생각하는 것은 오류를 범하는 것이다. 오직 느끼는 것만이 믿음이며 진리이다. 우리의 감각 외부에는 그 어떤 것도 존재하지 않는다. 행동한다는 것은 우리의 생각을 배반하는 것이기 때문에, 생각 속에서 배반당하지 않으려 한다.

정치란 사회가 스스로 처신해야 할 바를 모를 때 사회를 지휘하는 예술이다. 사회를 지도하는 유일한 방법은 타인을 경멸하는 것이다. 박애란 상호 경멸에서 탄생한 것이다.

진보란 불필요한 거짓말들의 가장 덜 고상한 형태다. 진보에 대해 생각하지 않아도, 인간은 진일보하기를 포기할 것이다.

감정은 물질의 뒤틀린 선들을 따라 똑바로 쓰는 것이다.

감각은 끝없는 터널처럼, '비평가들'을 다나오스의 딸들*로 만든다. 개인성은 닳지 않는다. 태어난 모든 개인은 하나 이상이기 때문이다. 논리는 아무것도 봉인하지 않는 벽이다.

일하고 투쟁하는 사람들을 경멸하고, 스스로를 희생하는 자들을 증오하고, 기대하고 신뢰하는 사람들을 무서워하는 것. 이것이 귀족들의 의무이다.

전통을 재건하고자 하는 것은 이미 무너진 벽을 따라 올라갈 수 있는 계단을 새로 짓는 것과 같다… 재밌는 것은, 말이 안 되지만 그럴 만한 가치가 없기 때문에 가치를 갖는다는 것이다.

자기 자신에게 동의하지 않는 이상 진정한 기준이란 없다. 우주는 자기 자신에게 동의하지 않는다. 그냥 지나갈 뿐이다. 삶도 자기 자신에게 동의하지 않는다. 언젠가는 죽기 때문이다. 모순이란 자연의 전형적인 법칙이다. 모든 진리는 모순의 형태를 띠고 있다.

이 모든 원리들이 참이지만, 이와 반대되는 원리들도 마찬가지로 참이다. (확신한다는 것은 잘못된 문으로 들어가는 것과 같다.)

생각한다는 것은 제한하는 것이다. 추론한다는 것은 배제

---

* 지옥에서 영원히 밑 빠진 독에 물을 채우는 벌을 받는다.

하는 것이다. 생각한다는 것의 장점도 있다. 제한하고 배제하는 데에도 장점은 있기 마련이니까.

정치적, 사회적, 종교적 사도들은 [_]. 선과 악에 대해, 미덕과 악덕에 대해, 진리와 거짓에 대해, 선량함과 악랄함에 대해 설교하지 마라. 오직 당신 자신에 대해서만, 큰 목소리로, 온 세상이 듣도록 설교하라. 이것이야말로 유일한 진리이자 유일한 거짓이고, 유일한 도덕이자 유일한 비도덕이며, [_] 당신이 설교해야 할, 설교할 수 있는, 설교해야만 하는 것이다.

자기 자신을 늘 대체하라. 당신은 당신 자신에게 충분하지 않다. 늘 자기 자신에게 예측 불가능한 존재가 되어라. 자신 이전에 벌어지는 사건이 되어라. 당신의 감각이 언제나 우연적이며, 사고처럼 일어나는 모험이 될 수 있도록… 더 우월한 존재가 될 수 있도록 법이 없는 우주가 되어야 한다.

이것들이 감각주의의 핵심 원리들이다. 반대 원리들도 마찬가지로 감각주의의 핵심 원리들이다.

미덕에 대해 설교하지 마라. 이미 많은 사람이 설교하고 있다. 악덕에 대해 설교하지 마라. 이미 모든 사람이 저지르고 있다. 진리에 대해 설교하지 마라. 아무도 이해할 수 없다. 거짓에 대해 설교하지 마라. 거짓에 대해 하는 설교가 곧 진리에 대한 설교이다.

자기 자신에게만, 자기 자신에 대해서만 설교하라. 당신이 아니면 아무도 모르는 것들을 설교하라. [_]

부지런히, 떠들썩하게, 그리고 정교하게 자신에 대해 설교하라. 유일한 명분은 바로 당신 자신이다. 공작새처럼 행동하라. 몸을 크게 펴고, 타인들을 향해 꽉 쥔 손을 보여라.

당신의 영혼으로 형이상학을, 도덕과 미학을 구축하라. 꼴사나운 신을 당신으로 대체해버려라. 이것이야말로 진정한 종교의 태도이다. (신은 어디에나 있다. 신 자신을 제외하고.)

당신의 존재로 무신론 종교를 만들고, 당신의 감각으로 제사와 예배를 드려라. 당신 내면의 수도원에서 붉은 예배의 주인을 칭송하며 영원히 살아라.

사는 것은 필수적인 것은 아니다. 느끼는 것이 필수적이다. 이 문장이 완전히 부조리인 것을 주목하라. 당신의 영혼을 다해 이 문장을 이해하지 않는 것에 최선을 다하라.

정치는 마부가 되기 위해 태어난 사람들의 허황된 거짓이다.

당신의 영혼은 당신의 필명이다.
신은 당신의 필명이다.
신은 우리의 필명이다.

우리 모두는 미래주의적 순간을 마주한다. 예를 들면 돌멩이에 발이 걸려 넘어지는 그런 때.

예술은 우리 자신을 칭송하는 방식이다. 때문에 유행과 의복은 소박한 사람들의 순간적 예술이다. 생각은 영혼의 거울이다. 때문에 예술을 구성하는 우리 감각의 표현은, 생각에 의한 감각의 해석이며, 우리는 영혼을 통해 거울 속 우리를 보게 된다. '창작의 필요성'이라고 부르는 것은 우리 스스로를 칭송해야 하는 필요성에 불과하다.

1915?

영혼의 극장

[…] 예술에 대한 과학적 관점의 한계는 (이미 지나치게 비허용적이고 의식적이며 자발적이지만) 예브레이노프*의 뛰어난 작품 『영혼의 극장』과 같다. 이 연극에서 '인간 영혼의 내면'과 A1, A2, A3 등으로 이름 붙여진 등장인물들은 영혼이라고 불리는 것의 유사심플렉스**를 구성하는 하위 인격체들이다. 그러나 이 경우, 작가는 작품에 지식은 많이 부여하고 예술은 적게 부여한다. 많은 현대예술 및 문학적 발견의 대다수가, 이처럼 예술을 위해서가 아닌 지적 호기심을 위해서, 애너그램이나 하나의 선으로만 된 그림, 또는 단성적 시 등을 창작한다. […]

1916?

---

*   Nikolai Evreinov. 러시아의 극작가, 연출가, 연극이론가.
** 유사(pseu-)라는 뜻의 접두어에 콤플렉스(complex)의 반대되는 의미로 심플렉스(simplex)라는 용어를 붙여 만든 어휘이다. 콤플렉스가 '관념복합체'라면, 페소아는 이에 반하는 개념으로 '관념단일체'에 해당하는 "심플렉스"라는 표현을 쓰고 있다. 연극 『영혼의 극장』에서는 영혼을 '관념단일체'라고 상정하는데 페소아는 영혼이 단일한 존재라는 것을 거부하는 입장이므로 '거짓', '허위'를 의미하는 접두어 "pseu-"를 앞에 붙여 새로운 단어를 만들었다.

예술의 세 가지 원리[*]
— 영국의 편집자에게 보내는 편지

[…]

예술의 세 가지 원리는 다음과 같지요. ① 모든 감각은 온전하게 표현되어야 하고, 따라서 모든 감각의 의식이 바닥까지 면밀히 검토되어야 한다. ② 감각은 환기시킬 수 있도록 충분히 표현되어야 한다. (특정 중심 재현에 둥글게 후광을 그려내듯이) 가능한 많은 다른 감각들을 상기시키는 것이 좋다. ③ 이렇게 표현된 전체는 잘 정돈된 상태에 근사해야 한다. 이것이 생기의 조건이다. 나는 이 세 가지 원리를 ① 감각의 원리, ② 연상의 원리, ③ 구성의 원리라고 부릅니다. 마지막 원리는 그리스인들도 아주 중요시하던 원리로 (이들은 시를 '동물'로 여겼던 위대한 철학자들입니다.) 현대인들에게는 등한시되어 왔습니다. 하급 고전주의도 구성에 대한 교육을 했지만, 낭만주의에선 이것이 부족했지요. 셰익스피어는 종합적으로 시각화하는 것에 대해 치명적 무능력을 가졌고, 관련 영역에 악영향을 주기도 했습니다. (매슈 아널드[*]의 고전주의적 본능이 이런 직관을 갖게 했다는 점을 기억하시는지

---

[*] Matthew Arnold. 영국의 시인, 문학평론가.

요.) 밀턴은 지금 시대에도 시의 구성적 측면에 뛰어난 스승이지요. 개인적으로, 시간이 지날수록 셰익스피어보다 밀턴을 더 높이 평가하게 됩니다. 그러나 (고백건대) 제가 무언가로 존재하는 이상 (미적 위생상 좋지 않기 때문에, 같은 상태로 3초 이상 존재하지 않으면서 말입니다.) 저는 이교도이며 그러므로 기독교 예술가인 셰익스피어보다 이교도 예술가인 밀턴 편에 서겠습니다. 이 모든 이야기가 뒤죽박죽이라 여기에서 이런 이야기를 하는 것을 양해해주길 바랍니다.

    간혹 시란 사람이 아닌가 하는 확신이 듭니다. (그림이나 조각에 대해서도 그리 말할 수 있겠으나, 조각이나 회화는 예술이 아니라 섬세한 수공예 노동이라 생각합니다.) 몸의 현현과 실재하는 육체로 시를 투사하는 우리의 상상력이라는 다른 세계에 속하다가, 이 세계에서 시를 읽을 때면 더 이상 다른 어딘가에서 신성하게 아름다울 뿐인 불완전한 그림자에 불과한 것이 아니게 됩니다. **그날**에 대한 기대가 있습니다. 죽고 난 뒤에 내가 만들어낸 아들들의 실체적인 현현을 만날 날을. 그들이 이슬 같은 불멸의 아름다움을 갖기를. 편집자님은 어쩌면 이런 환상에 매료된 이교도주의자를 좋아하실지도 모르겠습니다. 그러나 저는 이미 두 문장 이전에 이교도주의자였습니다. 이 문장을 쓰고 있는 지금은 더 이상 아닙니다. 이 편지 말미에는 또 다른 것이 되어 있겠지요. 제가 설파한 영혼의 비통합을 할 수 있는 한 실천하려고 합니다. 저에게도 일관성이 있다면, 비일관성에 대한 비일관적 태도만큼은 일관적이겠지요.

[…]

                                        1916?

신비주의 ✱

신비주의란 여성스럽고 데카당스적인 존재의 가장 복잡한 방식이며, 무용함의 유일하게 유용한 측면이다.

신비주의 시들이 진실되다고 말하는 것이 아니다. 신비주의 시들은 모두 다른 것을 생각하면서 쓰였다. 탈인격화의 경험들인 것이다. 신이나 추상적인 사랑에 대해 열렬하게 노래하는 시들은 내가 그것들에 매료되었을 때 쓴 것이 아니라 오히려 시의 정의에 대해 골몰했을 때 쓴 것이다.

정신적 복잡성, 병적 상태, 여성스러움은 이것들을 표현할 수 있는 어떤 철학이나 신조를 필요로 한다. 만약 상상력의 복잡성을 초월적 범신론보다 물질주의를 통해 더 잘 표현할 수 있다면, 내 시는 물질주의적 성격을 띠었을 것이다. 표현되는 모든 것은 감정과 상상력의 복합체이다. 종교와 철학은 표현의 방식일 뿐이다. 우연한 오컬티즘은 이성의 부재를 통해 발현된다. 광기의 핑계가 아닌 [_]를 보증하는 것이다.

가장 고차원의 문학적 표현은 모든 지적 요소를 포함한 것이다.

[…]

1917?

학파를 원하는 당신들

학파를 원하는 당신들, 특정 지향의 멍에를 쓰고 걷는 이들, '-주의'로 끝나는 그 어떤 것에 속한 이들, '-주의자'로 끝나는 그 어떤 것으로 규정되는 존재들이여! 존재하기에 충분한데 왜 제한하고 한계 짓는가?

창작하는 것은 해방시키는 것이다!
창작하는 것은 자기 자신을 대체하는 것이다!
창작하는 것은 자기 자신을 버리는 것이다!

우리는 개성들을 하나의 개성으로 대체한다. 하나하나마다 얼마나 다채로운지! 어떤 대명사나 동사의 1인칭 단수로 사는 것으로도 충분하다. 측정할 수 없는 다수의 **절대적 인칭**이 되자. 이것이 아니라면 모두 과거의 예술이다.
집이 없는 것을 나라는 집으로 가져오자!

강자들을 위해 사과하지 말자. 다만 여러 방식으로 연약한 자들을 위해 하자!
영웅들을 위해 사과하자 말자. 다만 **완벽한 자들**을 위해 하자! 영웅이 된다는 것은 인생 단 한 번의 행동이 모든 것이 된다는 것이다. 더 많이 원하자! 더 많이 원하자!

1917?

여행하면 할수록 더 넓게 여행하게 된다

여행하면 할수록 더 넓게 여행하게 된다. 카스카이스*까지 기차를 타고 이동하는 동안 느끼는 피로는 마치 그 짧은 시간 동안 네다섯 개 나라의 시골과 도시 풍경들을 모두 지나가며 받는 피로와 같다.

지나치는 모든 집들, 오두막집, 하얗게 회칠한 고요한 외딴집—이 모든 집들이 그 순간에는 마치 처음에는 살아 있는 것처럼 행복하게 느껴지다가, 곧 지루해지고 나중에는 피곤하게 느껴진다. 저 집들은 이제 생각에서 내버려두고 그곳에 살았던 그 시대에 대한 깊은 그리움이 몰려오는 것이다. 이렇듯 나의 모든 여행은 커다란 기쁨, 지독한 권태, 셀 수 없이 많은 가짜 그리움의 즐겁고도 고통스러운 수집인 것이다.

그리고 집들과 마을들과 오두막들을 지나며, 그곳에 사는 모든 생명체의 삶을 내 안에서 살려낸다. 한꺼번에 그 집에 사는 모든 인생이 되어 살게 된다. 나는 동시에 아빠이고, 엄마이며, 자식이고, 사촌이고, 하녀가 되는 것이다. 이는 내가 한꺼번에 다양한 많은 감각들을 느낄 수 있는 특별한 기술

---

* Cascais. 리스본 근교의 휴양 도시.

을 가졌기 때문이다. 또한 동시에 다양한 생명체들의 인생에 대한 감각을 바깥으로는 보면서, 안으로는 느낄 수 있기 때문이다.

    내 안에 여러 인격을 만들었다. 계속해서 만들어내고 있다. 내 꿈들은 즉흥적이며, 꿈으로 표현되는 순간 또 다른 인간으로 구현된다. 꿈을 꾸기 시작하면 내가 아니게 된다.
    창작하기 위해서 나를 부쉈다. 내면에서 나를 외재화할수록 내면의 나는 외부가 아니고선 존재하지 않게 된다. 나는 텅 빈 무대다. 여러 배우들이 다양한 장면을 연기하며 지나간다.

1918?

양상들 *

서문 일반

1. 알베르투 카에이루(1889-1915):『양 치는 목동』과 다른 시들과 단편들
2. 히카르두 헤이스:『송시』
3. 안토니우 모라: "알베르투 카에이루와 이교주의의 개혁"
4. 알바루 드 캄푸스:『개선문』, 시들
5. 비센트 게드스*:『불안의 책』

*

 위의 책들에 대해 당신이 가져야 하는 태도는 이런 설명을 들어보지 않은 것처럼, 이 책들을 읽어보지 않은 것처럼, 어느 서점 판매대 위에 놓인 이 책들을 하나하나 비교하는 것이다. 다른 어떤 것도 이 책을 읽는 이의 정신 상태가 되어서

---

* 『불안의 책』저자는 초기에 비센트 게드스(Vicente Guedes)로 설정되었다가 나중에 베르나르두 소아레스(Bernardo Soares)로 바뀐다.

는 안 된다. 『햄릿』을 읽을 때 이 이야기가 절대 사실이 아니라고 머릿속으로 확고하게 생각하면서 읽지 않는다. 읽기 시작하면 살기를 멈춘다. 그냥 그렇게 되기 때문에 그렇게 한다. 살기를 멈추고, 읽는다. 삶이 다 무엇인가?

그러나 여기서, 어느 시인의 극적인 작품보다도 더 강렬하게, 가정된 작가의 실질적 투영에 의지해야 한다. 나의 설명을 믿어서는 안 된다. 책을 읽고 나면 내가 거짓말을 했다고 생각해야 한다. 다양한 작가와 다양한 시인들의 작품을 읽으며 접하게 될 감정과 교훈들은 내가 의도한 것이 아니다. 편집자로서는 예외로 하고 말이다. 이런 태도가, 종국에는 사물들의 외면된 현실에 대한 가장 정당한 태도가 아니라고 누가 말할 수 있을까?

나의 개인적인 작품들 안에는 그 작품 속의 무언가와 닮아 있는 지점들이 있다. 놀라지 마시라. 합법적인 문학의 영향력이다. 내 것들이 작품 속에서, 혹은 내 안에서 작품들이. 이는 인격들의 유사점이나 공존이 아니다.

각각의 인격들은 (주목하라) 완벽하게 자기 자신과 하나이며, 카에이루와 알바루 드 캄푸스처럼, 완벽하게 정립된 작가들의 도덕적 및 지적 발전으로 인해, 연대적으로 변화가 구축되는 작품들도 있다.

카에이루에게는 어떠한지 살펴보자. 태생적인 명쾌함(나는 한 번도 이해하거나 느껴본 적 없는), 한곳에서 나고 자란 이의 감정에서 시작하여, 『양 치는 목동』*에서는 심도 깊은 철학적 사유까지 변화는 곧바르게 뻗어갔다. 한편, 내가 몰랐던 작가의 어떤 현실에 대한 표현이라 할 수 있는 『사랑에 빠진 목동』** 속의 짧은 사건들***은 차별점을 만들어낸다. 지독한 아픔으로부터 완벽한 상상력의 명료함이나 섬세함은 사라지고, 파편적인 시들로 책을 마무리한다. 어떤 지점에서는, 여전히 시인 영혼의 발전으로 인한, 깊이의 심화가 지속되고 있다고도 볼 수 있고, 또 어떤 지점에서는 후반부의 무질서로 인한 작품의 혼란이고, 마치 내 두 손처럼 현실적이며, 곧, 내가 눈물 흘려야 했던 비통함처럼, 위대한 시인이 굴복했다고 볼 수도 있다.

흉내 내는 것이라고? 그렇지 않다. 흉내 내고 싶었다면, 왜 이런 것들을 썼겠는가? 장담컨대 이런 것들은 흘러가는 것이다. 어디로 흘러가는지는 나도 모르지만, 이 세상의 그 어떤 것이든 흘러간다. 실제처럼 생생한 풍경을 향해 활짝 열린 창문이 있는 진짜 집들을. 나는 한 번도 그곳에 있어본 적 없지만, 아마 그 장면을 쓰고 있는 이는 내가 아닐까?

불가능한 일들과 한 번도 일어나지 않은 일들로 가득 찬 당신의 진짜 인생, 이 세상에서 한 번도 느껴보지 못한 감각

---

* 알베르투 카에이루의 첫 작품집이자 대표작. 주로 자연에 대한 시를 담았으며 이해하는 것보다는 보이는 그대로 느끼는 것이 중요하다는 철학을 펼친다.
** 카에이루의 차기작으로, 시적 화자인 목동이 사랑에 빠지면서 전작에서 보여준 명료하고 선명한 감각이 흐려지고 혼돈되는 변화를 겪게 된다.
*** 시가 총 8편으로 짧게 구성된 것을 뜻한다.

들로 가득 찬 당신 감정의 사생활 속에서, 어쩌면 무한하다고 할 만한 이토록 선명한 현실이 존재할 수 있을까? 아, 그림자에 불과한 것은 당신과 당신 감각이다. 현실은, 어디까지나 진짜이며, 때문에 이 현실은 당신이 나에게 써준 것과 같으며, 당신이 그렇게 쓴 그대로였다.

나더러 이 땅 위의 괴상한 영혼들의 영매라고 말하지 마라. 나는 이 땅과 이곳의 푸름을 원할 뿐이다. 지평선은 내가 포함하는 만큼 포함한다. 그 외에는 나쁜 꿈들이며, 그 꿈은 저마다 혼자 있다.

*

이 글이 첫 장이 될 이 난해한 작품은, 비록 여기에서는 산문으로, 또 다른 책에서는 시로, 철학서로, 다양한 형식을 취하고 있긴 하지만 기본적으로 드라마적 성격을 띠고 있다.

이것이 특권인지 아니면 질병인지 모르겠지만, 이것은 정신의 구성체가 생산한 것이다. 그러나, 당연하게도 이 문장의 저자는 (이 책의 저자와 같은지는 모르겠다) 결코 하나만의 성격을 가지지 않으며, 그렇다고 생각하지도 않고, 그렇게 느끼지도 않는다. 다만 한 사람 안에서, 혹은 한 인격 안에서 드라마적으로, 자기 자신이 느낄 수 있는 감각들보다 더욱 정확하게 파악한다.

희곡이나 소설을 쓰는 작가들이 있다. 그리고 이 희곡과 소설 속에서 등장인물의 감정과 생각을 부여할 때, 우선 사람으로 형상해놓고, 대개 자신의 감정과 생각을 주입하기를 경멸한다. 이 경우도 주제는 마찬가지다. 다만 형식이 다를 뿐이다.

이 책들의 작가는 각각의 인격을 자기 속에 살게 하는 데 성공했고, 인격들에게 스스로를 표현하는 천성을 부여하였으며, 인격들이 작가가 되어 책을 쓰고 생각과 감정을 갖고 예술을 하게 한다. 그리고 진짜 작가는(어쩌면 표면적으로는 진짜로 보이지만 사실 그 누구도 실체는 알지 못한다), 글쓰기에 있어, 과거엔 어땠을지 몰라도 자신이 스스로 창작한 인물들 사이에서 어떠한 위치도 점유하지 않는다.

이 작품도 그렇고, 앞으로 나올 작품들에서도, 누가 그것을 썼는지는 아무 상관이 없다. 작가는 자신이 쓸 작품들에 동의하지도, 그렇다고 불화하지도 않는다. 마치 누군가 지시를 내린 것처럼 쓸 뿐이다. 마치 그 지시한 자가 친구인 것처럼, 어떠한 연유로 그것을 쓰라고 부탁받고, 흥미롭다고 생각하고 (어쩌면 단지 친구의 부탁이라 어쩔 수 없었는지도 모른다) 그리고 그것을 쓰게 될 것이다.

이 책의 인간 작가는 그 어떤 인격체들도 잘 알지 못한다. 불현듯 내면으로부터 한 인격체가 떠오를 때, 자기 자신과 닮았지만, 자신과는 다른 존재임을 곧바로 알아차린다. 어쩌면 자신의 기질을 물려받은 정신적 아들이라고 볼 수도 있겠지만 타자로 구분되는 것만은 확실하다.

작가의 이런 기질을 히스테리의 한 형태로 보거나, 인격의 분열이라고도 할 수 있겠지만, 이 책들의 작가는 그것을 증오하지도, 그것을 지지하지도 않는다. 그들에게는 아무 소득도 없을 것이다. 단지 자기 자신이 가진 다수성의 노예처럼, 다수성이 써낸 결과물들에 대한 이런 이론, 혹은 저런 이론에 동의할 뿐이다.

이런 유형의 예술은 감탄보다는 낯섦을 자아낸다. 감탄하게 되는 예술은 낯섦을 유발하지 않는 무언가이다.

지금 작가가 갖고 있는 몇몇 이론들은 이 인격체들로부터 영감을 받기도 했다. 어느 순간, 어느 시각, 어느 시기에 자기 안의 그 인격체를 통해 공동 주체적으로 체감했을 것이다.

제각각 다른 이 사람들, 저마다 잘 정립된 이들을 육체가 없는 영혼으로만 존재하게 하는 것은 불가능하다. 위의 책의 작가도 될 수 없다. 무엇이 존재하는지, 햄릿과 셰익스피어 중 어느 것이 더 진짜인지, 또는 정말로 존재한 것인지, 그런 것이 있기나 했는지 알 수 없기 때문이다.

위의 책들은 다음과 같다. 첫 번째로 『불안의 책』은 스스로를 비센트 게드스라고 부르는 자가 썼다. 다음으로 『양 치는 목동』과 다른 시들과 단편들을 (이미 작고했지만) 1889년 리스본 근교에서 태어나 1915년 태어난 곳에서 생을 마감한 알베르투 카에이루가 썼다. 사실상 존재하지 않는 사람에 대해 이렇게 이야기하는 것이 이상하다고 누군가는 말할 수 있겠지만, 나는 마찬가지로 그렇다면 리스본이나 이 글을 쓰고 있는 나나, 이 세상 그 어떤 물건에 대해서도 존재하는가에 대한 증거가 없다고 대답하겠다.

알베르투 카에이루는 두 명의 제자와 한 명의 철학적 승계자가 있다. 두 제자인 히카르두 헤이스와 알바루 드 캄푸스는 추구하는 바가 명확히 다른데, 헤이스는 스승의 정통 범신론을 예술적으로 승화하고 강화한 한편, 캄푸스는 감각에 충실한 또 다른 카에이루의 면모를 바탕으로 하여 완전히 새로운 체계를 발전시켰다. 철학적 승계자인 안토니우 모라(이 이름들은 각자의 성격처럼 필연적으로 생겨나 외부로부터 붙여진 것이다)는 범신론의 형이상학적 및 실천적 진리를 증명하는 책 한두 권을 쓸 것이다. 이 범신론 학파를 계승할 두 번째 철학자는, 아직 그의 이름은 내 내면의 시야나 소리로 떠오르지 않았으나, 다른 논쟁들 속에서 종합적으로 범신론을 옹호할 것이다.

나중에 또 다른 인격체들이 이러한 진실을 갖춘 현실적 모습으로 생겨나는 것도 가능하다. 정확히 알 수는 없지만, 외부의 현실에서 타인들과 살아가는 것보다 내 내면의 삶에서 나 자신과 함께 살아가는 것이 더 나으며, 때문에 언제든 나의 내면 속의 다른 존재는 언제나 환영이다. 방금 설명한 존재들이 펼치는 이론들에 나 개인이 동의하는 부분도 있고, 동의하지 않는 부분도 있다는 것을 밝혀야겠다. 이들은 완전히 무관한 것들이다. 이들이 아름다운 글을 쓴다면, 그 글이 아름다운 것이지 그 글의 '진짜' 작가가 형이상학적으로 어떠한 상태인지는 아무 상관이 없다. 철학적 고찰에서 그 어떤 진리를 말한다 해도 (그것이 이 세상에 있는 어떤 진리와는 아무 상관이 없으며) 이 글들 속의 진리는 '현실'의 의도와는 진실로 별개의 것이다.

나는 이렇게 되었다. 나쁘게 말하면 고고한 꿈을 꾸는 미치광이인 것이고, 좋게 말하면 단지 한 명의 작가가 아니라 하나의 문학이 된 것이다. 이것이 나를 기쁘게 해주지는 않는다 해도, 그것만으로도 나에게는 충분하지만, 세상을 확장하는 데는 기여할 것이다. 죽어가며 아름다운 시를 쓴 누군가는 별들로 인해 하늘을 더욱 풍요롭게 만들고 사람들로 인해 땅을 더욱 감정적으로 신비롭게 만드는 것이기 때문이다.

오늘날 이런 종류의 문학이 부재하니, 천재 한 명이 자기 자신을 문학으로 바꾸는 수밖에 없지 않을까? 오늘날 인간들의 공존이 불가능하니, 섬세한 감각의 소유자가 자신의 친구들을 혹은 영혼의 동반자들을 발명해내는 수밖에 없지 않을까?

처음에는 익명으로 출판하는 것도 생각해보았다. 예를 들어 다른 여러 작가들과 포르투갈식 신新범신론을 구상하여 확립하고, 이들의 합작으로 신범신론을 더욱 넓히는 것이다. 그러나, 포르투갈의 지식인 세계는 좁고 (게다가 신뢰하기도 어렵다) 익명의 가면을 쓴다는 것이 무용한 정신적 노력이라 판단하였다.

내가 외면이라고 부르는 '세계' 이외의 것을 나는 내면이라고 부르는데, 그 속에서는 매우 선명하면서도 뚜렷하고, 친숙하면서도 낯선 사람의 형태들이 떠오른다. 더불어 그 형태들의 성격, 인생, 가계도, 특정한 죽음의 계기들과 함께. 개인적으로는 전혀 알지 못하는 이들이다. 알바루 드 캄푸스만 빼면. 그러나 당장 내일이라도 아메리카 대륙으로 떠난다면 그

곳에 살고 있는 히카르두 헤이스의 물리적 실체와 갑자기 마주칠지 모른다. 내가 생각하기엔, 아직 내 영혼 속에서 그 어떤 몸짓도 육체가 되어 빠져나간 적이 없는데 말이다. 모든 것이 확실해졌다. 예전에 이미 확실했다. 인생이라는 것이 무엇인가?

*

위에서 언급한 일련의 책들은 문학의 새로운 변화 과정을 대변하는 것이 아니라, 이미 오래된 변화 과정을 진행하는 새로운 방식을 보여주는 것이다.

나는 신화의 창조자가 되고 싶다. 인간들의 어떤 작업물보다도 뛰어난 미스터리의 창조자가.

언급한 작품들이 선언하는 바는 그 어떤 형태의 형이상학적 의견도 아니다. 내가 말하고 싶은 것은, 사람들 속에서 종합된 현실의 이러한 "양상들"에 대해 쓸 때, 규정짓기 어렵거나 존재하지 않는 현실의 양상들만이 진실이라는 것을 암시하는 철학을 주장하는 것이 아니다. 또한 이런 철학적 신념을 가진 것도, 이와 반대되는 철학적 신념을 가진 것도 아니다. 문학가라는 내 직업에 있어 나는 전문가다. 그 용어가 함의하듯, 우월성을 갖고 있다. 이 말인즉, 나는 학술적 노동자이며, 문학적 전문성에 위배되는 의견을 가져서는 안 된다. 이런 철학도, 저런 철학도 갖지 않았지만, 그렇다고 사람–책들을 만들어내고자 하는 철학적 의견이 나를 회의주의자로 유인하지는 않았다. 문제는 이 형이상학적 이론의 계획에서 특정 성격에 딱 들어맞지는 않는다는 것이다. 육체가 따로 실험실을 두고 형이상학을 연구하거나, 병원을 두고 진단을 내리지는 않는다. 이는 사람이 형이상학을 가지지 않았거나, 가질 수 없기 때문이 아니라, [_]하기 때문이다. 따라서 **나의** 형이상학적 문제는 존재하지 않는다. 그 문제는 다른 사람이 쓴 나의 책 표지 속에 존재할 수도, 존재해서도 안 되기 때문이다.

1920?

작가 상세 설명: 페르난두 페소아

1888년 6월 13일, 리스본에서 태어났다. 남아프리카 더반Durban에서 고등학교를 나오고, 희망봉Cape of Good Hope에서 영국식 대학을 다녔다. 재학 1학년 당시인 1903년, 영국 빅토리아 여왕상을 받기도 하였다.

페르난두 페소아는 본명과 이명, 두 가지 방식으로 글을 썼다. 이것을 두고 실명이냐 필명이냐 따질 수는 없다. 애초에 그런 개념이 아니기 때문이다. 필명으로 쓴 작품은 그 이름만 달라졌을 뿐이지 결국은 작가 자신이 쓴 것이다. 그러나 이명으로 쓴 작품은 작가가 자신의 인격 밖에서, 자기 자신으로부터 완전하게 직조된 하나의 독립체가 쓴 것이다. 마치 자신이 쓴 어떤 희곡에서 한 배우가 말하는 대사처럼 말이다.

페르난두 페소아의 이명 작품들은 현재까지 세 명의 이름으로 구성되어 있다. 알베르투 카에이루, 히카르두 헤이스, 알바루 드 캄푸스. 이 인물들은 이들을 만들어낸 작가와는 분리된 존재로 파악되어야 한다. 각각의 형태는 마치 극의 한 종류와도 같다. 이들을 모두 합하면 또 다른 하나의 극이 된다. 알베르투 카에이루는 1889년 태어나 1915년에 생을 마감하였으며, 단 하나의 분명한 지향점을 갖고 시를 썼다. 그의 제자들은 카에이루의 이 지향점을 다양한 시각으로 해석하여 발전시킨다. 그중 한 명인 히카르두 헤이스는 1887년생으로, 스승의 범신론을 자신만의 스타일로 독특하게 발전시킨다. 또 다른 제자인 알바루 드 캄푸스는 1890년생으로 '감각주의자'라고 불릴 정도로 감정적 측면에 고착하며, 카에이루를 계승하면서 동시에 월트 휘트먼의 영향을 받아 다양한 작품을 생산해낸다. 특히나 그의 작품은 그 누구보다도 페소아에게 자극적이고 묘한 불편함을 줌으로써, 페소아가 그 작품에 반대하면서도 그 작품들을 만들어내고 출판하지 않고서는 못 견디게 했다. 이 세 작가는 드라마적 앙상블을 형성한다. 이들의 상호 교류와 그에 따른 개인적 관계들은 학술적으로 오차 없이 적절하게 조율되어 있다. 이 모든 것이 앞으로 작성할 작가 약력에 포함될 것이다. 별자리나 가능하면 사진까지도 말이다. 연기 행위가 아니라 인간 내부의 드라마인 것이다.

(만약 이 세 명의 작가가 페르난두 페소아 자신만큼이나 실제적이라면, 형이상학적 문제가 발생한다. 바로 신들의 비밀스러운 헛수고이자 실제에 대한 무지인데, 이는 결코 해결될 수 없다.)

페르난두 페소아는 본명으로 4권의 소책자 형식으로 영시를 발표했다. 1918년의 『안티노오스』와 『35편의 소네트』, 1921년의 『영시 I-II』와 『영시 III』가 그 작품들이다. 세 번째 소책자의 첫 번째 시는 『안티노오스』를 개작한 것이다. 이외에도 1923년에 하울 레알*과 합작하여 「학생선언문에 대하여」라는 선언문을 발표했고, 1928년에는 정부가 발간에 동의한 『공위시대**—포르투갈 군부 독재의 옹호와 정당화』를 썼다. 이 중 그 어떤 텍스트도 더 중심적이라 할 수 없다. 미학적 관점에서 작가는 자신의 작품을 거의 기성 작품인 듯 여기기를 선호한다. 이명으로 쓴 작품들은 어느 것도 소책자나 단행본 형태로 출판되지는 않았다.

페르난두 페소아는 친구들의 우연한 부탁으로 여러 출판사와 잡지에 다양한 성격의 많은 글을 썼다. 여기저기 흩어져 있는 글들은, 위에서 언급한 소책자들보다 전반적으로 대중의 주목을 덜 받은 것들이다. 다만 몇 개 예외가 있다.

본명으로 된 작품은 『오르페우 I』에 실린 정적인 희곡 「선원」(1915), 『콘템포라네아 1』에 실린 「무정부주의자 은행원」(1922), 『콘템포라네아 4』에 실린 「포르투갈의 바다」(1922), 『아테나 3』에 실린 짧은 시선집(1925), 그리고 일간지 『디아리우 드 리스보아』 1호에 실린 글이자 "비가리우 씨 이야기"***** 의 감동적이고 정확한 버전 「태양」(1926)이 있다.

이명들의 작품은 송시가 두 편 있다. 알바루 드 캄푸스가 『오르페우』 1권과 2권에 각각 발표한 「승리의 송시」와 「바다의 송시」이다. 캄푸스는 잡지 『포르투갈 미래주의자』에 「최후통첩」(1917)도 발표한 바 있다. 히카르두 헤이스는 『아테나』 1권에 『송시들』(1924)이라는 시집을 발표했고, 『아테나』 4권과 5권(1925)에 알베르투 카에이루의 시를 발췌해 발표

---

*   Raul Leal. 포르투갈의 시인.
**   권력 공백기.
*** "비가리우 씨 이야기(Conto do Vigário)"는 다른 사람을 속이기 위한 목적으로 만들어진 이야기를 뜻하는 포르투갈의 관용적 표현이다. 페소아는 "비가리우 씨 이야기"의 일종으로 「위대한 포르투갈인」(1926), 「비가리우 씨 이야기의 원조」(1929)라는 콩트를 쓰기도 했다.

하기도 했다.

그 나머지는 본명이든 이명이든, 별 상관없든, 그저 일시적인 것에 불과하든, 완성도를 높이거나 새롭게 정의하기 위함이든, 조잡한 구성물이든, 산문이든 운문이든, 다 기억하기 어렵고 기억한다 해도 일일이 열거하기 지루하다.

출판업자의 관점에서는, 그러나 1912년 『아기아』*에 실린 글들이 유의미하며, 특히 「수프라 카몽이스**의 다음 세대」가 사람들의 많은 관심과 힐난을 받았다. 같은 관점에서 잡지 『오르페우』도 언급할 수 있는데, 발간과 동시에 엄청난 독자들의 화젯거리가 되었다. 페르난두 페소아가 쓴 글 중에 대중의 이목을 사로잡은 건 단 두 편뿐이었다.

페르난두 페소아는 단행본이건 소책자건 출판할 생각이 없다. 대량 출판은 말할 것도 없다. 읽어줄 독자가 없는데 출판을 하는 건 무의미하게 돈을 낭비하는 것이라 생각했고, 출판할 돈도 없었다. 어떤 출판사에게든 무의미하게라도 돈을 지불하려면, 위에서 간접적으로 언급한 적 있는 탐욕스러운 마누엘 피리스 비가리우*** 씨에게 견습 과정을 거쳐야 한다.

1928

---

*　Águia. '독수리'라는 뜻의 문예지로, 1910년부터 1932년까지 포르투시에서 출판되었으며 포르투갈 문예부흥을 꿈꾸는 작가, 미술가 등이 참여하였다.
**　수프라 카몽이스(supra-Camões)는 "카몽이스를 뛰어넘자"라는 뜻의 20세기 초 포르투갈 문예부흥 운동의 핵심 구호로, 포르투갈 문학이 16세기 포르투갈의 대서사시 작가인 카몽이스의 스타일을 답습만 하는 형태로 발전해온 것을 비판하며 등장하였다.
***　"비가리우 씨 이야기"의 하나인 「위대한 포르투갈인」 속 등장인물.

무제

본명으로 쓸 작품과 이명으로 쓸 작품을 구분하고 있다. 실명과 필명으로 구분하는 것이 아니다. 허구의 이름으로 발표하는 작품들은 나의 [_] 의견이나 생각을 대변하는 것이 아니기 때문이다.

[…]

1928?

나인지, 알바루 드 캄푸스인지, 아니면 둘 다인지
―주제 헤지우*에게 보내는 편지

[…]

편지 보내주어 고맙네, 1월에 보내준 것도 그렇고. 고맙다는 말밖에는 달리 답장으로 할 말이 없다네.

영화에 대한 의견을 나눌 만한 이가 나인지, 알바루 드 캄푸스인지, 아니면 둘 다인지 나도 잘 모르겠네. 그러나 누구에게든 무슨 얘기를 들으면 그에 대해 이야기 나누면 되네.

동시에 어떤 글이든 글도 함께 보내겠네. 어쩌면 한 번 들은 이야기를 내가 또 하더라도 양해 부탁하네. 그때도 나와 함께, 아니면 문법적으로는 부적절하지만, '나들'과 함께 이야기 나눠주게.

[…]

1929. 03. 14.

---

*　José Régio. 포르투갈의 작가, 문학평론가.

막간의 허구들[*]
— 서문

 어떤 인물들은 단편이나 어느 책의 소단원 속에 등장시킨다. 그리고 그 인물들이 하는 말을 내 이름으로 받아쓴다. 다른 어떤 인물들은 절대 순수 속에서 투영하며, 만들어낸 인물들의 말을 받아쓰지 않는다. 이 두 종류의 인물들은 다음 방식에 따라 구분된다. 절대 순수 속에서 강조하는 인물들, 그들의 스타일은 내게 여전히 낯설고, 심지어 나의 스타일과 반대되는 스타일을 요구하기도 한다. 내가 받아쓴 인물들은 나 자신의 문체와 크게 다를 것이 없다. 몇 가지 어쩔 수 없는 사소한 것들이나, 그 인물들 사이에서도 구별하기 힘든 것들을 제외하면 말이다.
 이 인물들 중 몇몇을 예시로 들어 그들 사이의 차이점을 설명하겠다. 회계장부 부기 계원인 베르나르두 소아레스Bernardo Soares와 테이브 남작Barão de Teive은 모두 나와 매우 닮은 인물들이다. 동일한 문체적 특질과 동일한 문법 구사, 동일한 자아의 속성과 유형을 가졌다. 그들의 문체는, 잘 썼든 못

---

[*] 『막간의 허구들(Ficções de Interlúdio)』은 페소아가 기획했던 이명들의 선집이다. 사후 출간되었으나 엮은이마다 그 내용과 분량이 조금씩 다르다. 페소아의 원래 기획이 애초에 무엇이었는지는 알 수 없다.

썼든, 나의 것이다. 이 두 인물을 비교하는 것은 비슷한 현상을 보여주기 때문이다. 실제 삶에의 부적응, 특히 의지박약과 이유 없는 부적응이라는 점이 같다. 테이브 남작과 베르나르두 소아레스는 포르투갈인이라는 점에서도 같다. 그러나 다른 점은, 한 명은 귀족식으로, 지적이며, 이미지를 벗어버린, 조금은, 뭐라고 해야 할까? 뻣뻣하고 제약이 있는 문체를 보여준다. 한편 다른 한 명은 부르주아식의 유연함을 보여주며, 음악과 그림에도 적용할 만한, 덜 건축적인 문체를 보여준다. 귀족은 분명하게 생각하고, 분명하게 쓰며, 자신의 정서를 다룰 줄 안다. 자신의 감수성까지는 지배하지 못하지만. 부기 계원의 경우 자신의 정서도, 감수성도 지배하지 못한다. 그에게 생각한다는 것은 보조적으로 느낀다는 뜻이다.

*

점성가들에 따르면 모든 사물은 네 가지 원소의 작용으로 움직인다고 한다. 불, 물, 공기, 흙이 그 원소들이다. 이를 전제로 영향의 작용을 이해해볼 수 있다. 어떤 사람들은 다른 사람들을 마치 흙으로 덮인 땅처럼 밟고 서서 그 위에서 움직인다. 가라앉히기도 하고 파괴하기도 한다. 이들은 세상을 이끄는 이들이다. 어떤 사람들은 다른 이들을 공기처럼 대한다. 사람들에게 관여하기도 하고 다른 사람들로부터 숨기도 한다. 이들은 현세 너머를 지배한다. 어떤 사람들은 물처럼 사람들을 대한다. 자신의 고유한 물질로 다른 이들을 적시고 변화시킨다. 이들은 이상주의자이거나 철학자들이다. 이들은 자신의 영혼이 가진 에너지를 다른 이들에게 분산시킨다. 어떤 사람들은 불처럼 사람들을 대한다. 그 불로 모든 사건들을 태우고, 사람들이 벌거벗은 채로 실체적이며 진실한 모습이 되게끔 한다. 이 사람들은 자유인이다. 카에이루가 이런 유의 사람이다. 카에이루는 이런 힘을 가졌다. 이런 사람이 카에이루라면, 카에이루가 나로부터 났든지 어떻든지, 그것이 중요할까?

헤이스는, 아직 아무것도 쓰지 않았지만, 그로부터 발생한 아주 독특한 형식이며 아주 미학적인 사람이다. 캄푸스는, 마치 제방을 터트리듯, 자기 자신 안에서 카에이루를 확장시킨 사람이다. 나로 말할 것 같으면, 그는 나의 어두운 그림자와 누더기를 제거해주었고, 영감을 위한 영감을, 영혼을 위한 영혼을 선사해주었다. 이토록 경이로운 일들을 행했는데, 대체 누가 카에이루가 정말로 존재하느냐고 반문할 수 있겠는가?

나의 영혼뿐 아니라, 부활한 세상의 아주 오래된 영혼의 중심에 그가 있다.

*

나의 인격의 확장이랄지, 아니면 그보다는, 서로 다른 인물들의 발명이랄지, 이 일에는 두 가지 단계 또는 유형이 존재한다. 독자들은 아마 각각의 개별적인 인물들을 따라가다 보면 자연스럽게 알아차릴 것이다. 첫 번째 단계는 각 인물이 나의 것과는 구별되는 자신들만의 생각과 감정을 가진다는 것이다. 이 중에서도 가장 낮은 단계일수록, 추론이나 논쟁에서 볼 수 있는 그들의 의견이 결코 나의 의견이 아니며, 사실 나는 그것들에 대해 잘 알지도 못한다. 「무정부주의자 은행원」은 가장 초급 단계의 예시이며, 『불안의 책』은 고급 단계의 예시이다.

독자들은 주목해야 한다. 『불안의 책』은 베르나르두 소아레스의 이름으로 발표될 것이다. 리스본 시내에 거주하는 어느 부기 계원의 이름으로 말이다. 이 이야기를 『막간의 허구들』에 포함시키지는 않았다. 베르나르두 소아레스는 나와는 다른 인물이다. 그가 가진 의견이나 감정, 세상을 보는 시각, 이해를 하는 관점 등의 측면에서. 그러나 그가 그런 것들을 표현하는 문체는 나의 것과 크게 다르지 않다. 나는 자연스러운 문체를 통해 그에게 새로운 인격을 부여했다. 때문에 구분되는 어조가 갖는 불가피한 차별점이 없다. 이 어조는 어쩔 수 없이 자기 고유의 감정을 투영한다.

『막간의 허구들』 속 작가들은 단지 나의 것과 구별되는 생각과 감정들에 불과한 것이 아니다. 마치 극작의 기술처럼, 나와는 다른 문체를 사용한다. 때문에 각각의 인물들은 종합적으로 다르게 창조된다. 단지 다르게 발상된 것만이 아니다. 때문에 『막간의 허구들』은 대부분 산문으로 쓰인다. 서로 타인이 되는 것이 산문 속에서 더 어렵기 때문이다.

[...]

1930?

무제

각각의 감정에 하나의 인격을, 각각의 영혼의 상태에 하나의 영혼을 부여하기. […]

1930?

고안된 인간들

[…] 잡지에 발표한 짧은 글들 또는 글의 파편들은 알베르투 카에이루, 히카르두 헤이스, 그리고 알바루 드 캄푸스의 이름으로 발표한 일련의 작품이다. 그러나 이 이름들은 필명이 아니다. 희곡의 인물들처럼, 또는 줄거리 없는 소설 속 독립적인 인물들처럼, 고안된 인간들이다.

1931. 10. 14.

입회 *

[…]

　진리로 향하는 길은, 내면의 길이든 외부의 길이든, 그 단계를 어떻게 구분하든, 대개는 세 개의 단계로 나눌 수 있다. 초보자, 숙련가, 대가. 세밀하게 구분하자면 총 열 단계가 된다. 초보자 단계가 네 개, 숙련가 단계가 세 개, 그리고 대가 단계가 세 개로 다시 나뉘는 것이다. 사실, 초보자 단계는 다섯 개로도 나눌 수 있는데, 그중 제일 첫 단계는 취급하지 않는다. 또 1단계에서 2단계로, 2단계에서 3단계로 넘어가는 사이에도 중간 단계들이 하나씩 들어 있는데, 이런 것들도 포함시키지 않는다. 이렇게 열외된 단계들은 일종의 수습기간이라 성과를 내는 정식 단계들과는 다르다고 볼 수 있다.

　초보자라는 단어 자체가 설명해주는 것처럼 초보자 단계는 기본적으로 배워 나가는 단계이다. 이 배움의 길은 외부에 있는 지식의 결론을 향하고 있다. 숙련가 단계는 세 개의 하위 단계로 구성되어 있으며, 살아오면서 배운 지식들을 통합해가는 과정이다. 대가의 단계는 가장 고차원적으로 통합된 지식들을 해체하는 단계이다.

　가장 간단한 비유로 설명하는 것이 가장 정확하게 설명하는 것이라고 생각한다. 위대한 시를 쓰는 것이 어느 종교에

입회하는 과정이라고 가정해보자. 초보자 단계에서는 시인이 시를 쓰기 위해 필요한 문화적 요소들을 최대한 습득하고 그것들을 정확한 비유를 통해 구체화할 것이다. 이때 하는 것은 ⓪ 문법, ① 문화 전반, ② 특정 문학, ③ [_]

숙련가 단계에서는 동일한 방식으로 비유를 이끌어내어 ⑤ 보편적 서정시와 같은 간단한 서정시 쓰기, ⑥ [_]와 같은 복합적인 서정시 쓰기, ⑦ 송시와 같은 철학적인 혹은 잘 정렬된 서정시 쓰기를 한다.

대가 단계 역시 방식은 같다. ⑧ 서사시 쓰기, ⑨ 극시 쓰기, ⑩ 서정시와 서사시, 극시 모두를 조합하되 이 모두를 뛰어넘는 시 쓰기를 한다.

이 문학적 비유를 읽는 독자들은 세 가지 특이점을 발견하게 될 것이다. 첫 번째는 초보자 단계를 거치지 않고 시인이 되는 경우에, 숙련자 단계의 시작 단계만 잘 지나도 초보자 단계를 수행한 것과 거의 유사하다는 것이다. 두 번째로, 위에서 설명한 세 단계가 반드시 삶에서 순서대로 찾아오지는 않는다는 것이다. 시인에게든, 평범한 사람에게든 말이다. 세 번째는 서정시, 서사시, 극시 모두를 조합하되 이 모두를 뛰어넘는 시란 앎을 뛰어넘는 성취라는 것이다.

[…]

1932

포르투갈인은 어떤 사람들인가

포르투갈인으로서, 포르투갈인은 어떤 사람들인지 아는 것이 중요하다.

a) 적응력. 정신적으로 불안정을 야기하기만 그렇기 때문에 자기 내면의 인간을 다각화한다. 훌륭한 포르투갈인은 다질적多質的인 사람이다.

b) 열정보다는 감성의 우세. 우리 포르투갈인은 유하고 덜 강렬한 성정을 가졌다. 우리와 정반대라고 할 수 있는 스페인 사람들과는 다르다. 그들은 열정적이면서도 차갑다. 우월한 정신 속에서 이러한 성정은 [_]

c) [_]

결코 나 스스로 포르투갈인스럽다고 느낀 적 없으나 내 안에 낯선 존재들은 자주 느낀다. 알베르투 카에이루, 히카르두 헤이스, 알바루 드 캄푸스, 페르난두 페소아, 그리고 예전에 느꼈던 다른 존재들 또는 앞으로 느낄 존재들도.

1932?

카에이루의 다양한 카에이루들
―주앙 가스파르 시몽이스*에게 보내는 편지

[…]

지금은, 한동안 중단시켰던 일에 대해 언급하고 싶네. 『프레젠사Presença』**에 발표한 글들을 책으로 내는 것 말이야. 이 일을 하려고 하다가, 『음유시집Cancioneiro』이라는 더 끌리는 작업이 생겨서 그만두었지. 더 끌렸던 이유는 세 가지인데, 먼저 더 짧았고(물론, 그렇게 많이 짧지는 않았어), 더 우수했고, 그리고 '새로운' 무언가가 출판한다는 취지에 더 잘 맞았어. 그것이야말로 내가 계획한 책들의 의도에 가장 충실하니까. 카에이루가 쓴 49편의 시 전부가 실린 『양 치는 목동 O Guardador de Rebanhos』을 자네에게 주고 싶은데. 내가 앞에서 얘기한 상태로 거의 완성되었어. 아직 단어 몇 개를 수정해야 하긴 하지만, 윤문하면서 손볼 수 있는 정도야.

나의 원초적 본능 같아선, 카에이루만큼이나, 『시 전집 Poemas Completos』(『양 치는 목동』과 『사랑에 빠진 목동』, 『개별 시들Poemas Inconjuntos』을 다 포함한)을 출판하고 싶어. 문제는 『개별 시들』을 아직 완성하지 못했다는 거야. 언제 다 완성할

---

*   João Gaspar Simões. 포르투갈의 작가, 문학비평가.
** 1927년부터 1940년까지 발행된 예술비평지.

지도 모르겠고. 그리고 무엇보다 이 시들은 새로운 관점에서 수정이 필요해. 단어의 수정이 아니라 보다 정신적인 관점에서 말이야. 왜냐면, 앞에서도 얘기했지만, 이 시들은 『양 치는 목동』과 이어지지 않거든. 그렇다고 『사랑에 빠진 목동』에 실린 다섯 편 또는 여섯 편의 시와 이어지지도 않아.

[…]

사실, 진실과 가까운 걸 이야기하자면, 자네가 『양 치는 목동』을 출판해주었음 하네. 그랬더라면 내가 해낸 것보다도 훨씬 더 좋은 결과물로 선보이는 기쁨을 누릴 수 있을 테니. 만약 내가 또 다른 『일리아드』를 쓴다 한들 그 작품은, 은밀하게 보자면, 내 안에서 이성적으로 창조해낼 수 있는 것을 뛰어넘는, 특정한 종류와 강도의 영감이 (더 정확한 이해를 위해 단어를 초월해보게) 결코 『일리아드』의 진실은 아니기 때문에, 더 이상 같은 작품이라고 볼 수 없다네.

[…]

1933. 02. 25.

인물들을 창작한 방식

　내가 만들어낸 인물들을 창작한 방식을 설명해드리죠. 제가 해드리는 설명은 대략적인 무의식의 현상에 대한 분석적 확장이라고 이해하시면 됩니다. 이성의 정해진 충동에 따랐다면 이런 인격들을 만들어내는 것은 불가능했을 것입니다.
　저는, 정식의학적으로 보자면, 히스테리성 신경쇠약이라고 볼 수 있습니다. 히스테리성 신경쇠약이란 거칠게 말하면 일반적인 신경쇠약과 상당한 히스테리 사이에 걸쳐져 있는 것입니다. 대개의 경우가 신경쇠약 상태가 약화되거나 악화되는데, 저의 경우에는 히스테리와 신경쇠약이 변덕스럽게, 선천적으로 이 두 증세가 공존하는 굉장히 특이한 케이스이며, 두 질병이 서로 구획을 형성하면서도, 동시에 구획을 형성하지 않습니다. 두 질병이 너무나도 다르기 때문이며, 서로 구별이 가능하기 때문이지요.
　알고 계시듯이, 당연하게도, 히스테리는 (질병 분류에 따르면, 히스테리란 현재의 상태가 어떠하든, 무언가에 대항하여 나타나는 것입니다) 전형적으로 감정의 극단적인 부침을 야기하며, 급격하고도 농도 짙은 감정과 감성의 체험을 가능하게 합니다. 그러나 그런 상태를 오래 유지하지는 못하고 단

지 백일몽이나 이루지 못한 꿈에 그칠 뿐, [_]

1935?

아돌푸 카자이스 몬테이루*에게 보내는 편지

[…]

내가 『멘사젱』과 같은 성격의 책을 쓰고 그 책으로 작가 데뷔를 했다는 걸 별로 기뻐하지 않아 하는 자네의 심정을 완전히 이해하네. 나는 말이지, 사실, 신비주의 국가주의자이며, 이성적 세바스티아니즘 추종자야. 하지만, 이런 부분 말고도, 이와 완전히 모순되는 여러 가지 무언가이기도 해. 그리고 이 여러 가지 무언가는 『멘사젱』과 같은 성격의 책으로는 담지 못한 부분들이지.

[…]

어린 시절부터 나는 나를 둘러싼 허구의 세계, 존재하지도 않는 친구들과 지인들을 만들어내곤 했었지. (사실 잘 모르겠어, 그들이 정말 존재하지 않았던 건지, 아니면 존재하지 않았던 것은 나였는지. 다른 모든 문제들과 마찬가지로 그렇게 확신할 수 없는 문제겠지.) 내가 나라고 부르는 나를 인지한 이후로, 내게 정신적으로 인물들과 움직임, 캐릭터와 이야

---

*   Adolfo Casais Monteiro. 포르투갈의 시인.

기들이 필요하다는 걸 느꼈고, 나를 위해 만들어진 가상의 인물들은 내겐 너무나 가시적이며, 어쩌면 그들을 남용한 것일지 모르겠으나, 진짜 삶이라고 부르는 것들과 매한가지였어.

나의 첫 이명이랄까, 아니면 그보다는, 실존하지 않는 첫 지인이랄까, 그는 바로 여섯 살에 내가 만들어낸 '파 기사 Chevalier de Pas'로, 그가 나에게 쓰는 편지를 내가 직접 쓰곤 했는데, 그 인물은 완전히 새롭게 창조된 것은 아니고, 나의 그리움과 애정의 일부분에 기인하고 있어. 또 생생히 기억나는 것은, 또 다른 인물인데, 그의 이름은 정확히 기억나지 않지만 마찬가지로 외국어였고, 어느 나라 말인지는 정확히 기억나지 않지만, 파 기사의 라이벌이었어…. 모든 아이들이 이러고 놀지 않느냐고? 당연하지. 어쩜 그럴지도. 그러나 여전히 내가 그 인물들을 살아내고 있다는 점 때문에, 나는 계속해서 그들이 현실이 아니라는 것을 인식하는 노력의 일환으로 그들을 창조해낸 방식을 되짚어보곤 해.

나를 둘러싼 새로운 세계를 만드는 습관, 이것과 똑같지만 이번엔 사람을 만들어내고자 하는 시도가 내 상상을 떠나지 않았어. 많은 단계를 거쳐 다 큰 지금까지 이르게 된 거야. 완전히 낯선 내 영혼이, 이런저런 이유로, 내게, 또는 나라고 상정한 누군가에게 시키는 말들이 내 속에서 생겨나. 즉시, 즉흥적으로, 마치 어떤 특정한 내 친구인 것처럼, 그 이름을 새로 짓고, 그의 이야기를 더하고, 그의 생김새, 얼굴과 덩치, 옷차림과 몸짓 등을 즉각 내 앞에 그려내지. 이렇게 결코 존재한 적 없는 친구와 지인들을 다듬어내고, 증식시켰지만, 거의 30년에 가까운 시간이 지난 오늘까지도, 듣고, 느끼고, 본다. 다시 말하지, 듣고, 느끼고, 본다. 그리고 그들을 그리워한다.

[…]

내가 만들어낸 이명의 기원에 대한 충분한 설명이 되었으리라 믿네. 혹시 더욱 명료하게 설명이 필요한 부분이 있다면, 내가 급하게 쓰고 있기 때문이며, 급하게 쓸 때는 명료함이 떨어지기 때문이니, 내게 알려주면 내가 기꺼이 다시 설명하겠네. 사실, 솔직하고도 히스테리컬한 고백이지만, 알바루 드 캄푸스의 "나의 스승 카에이루를 기억하는 글"을 쓰면서 몇 번이나 진짜로 눈물을 흘렸다네. 나의 친애하는 카자이스 몬테이루여, 정말로 그처럼 나를 이끌어주는 이를 알았더라면!

이와 관련해 더 써보자면… 나는 내 앞에 있는 색깔이 없는, 그러나 꿈의 현실인 공간을 본다, 그리고 카에이루, 히카르두 헤이스, 알바루 드 캄푸스의 얼굴과 몸짓을 본다. 내가 그들의 사상과 삶을 건설해주었지. 히카르두 헤이스는 1887년(태어난 달과 날짜는 생각이 안 나고 몇몇만 떠오른다), 포르투에서 태어났으며, 의사였고 지금은 브라질에 있다. 알베르투 카에이루는 1889년 태어나 1915년 생을 마감했다. 리스본에서 태어났으나 거의 생의 대부분을 시골에서 보냈다. 직업도 없고 교육도 거의 받지 않았다. 알바루 드 캄푸스는 타비라에서 1890년 10월 15일에 태어났다. (오후 1시에 태어났다고 페헤이라 고므스*가 말해주었으며, 이 시간에 해당하는 별자리와 대조해보니 정확하다고 볼 수 있다.) 그는,

알고 있듯, 해양엔지니어이지만(글라스고에서 공부했다), 지금은 리스본에 살며 그 일은 하지 않고 있다. 카에이루는 보통 체격이었으므로, 사실 매우 약했지만(결핵으로 죽었다), 그렇게 약해 보이지 않았다. 히카르두 헤이스는 조금, 아주 조금 키가 작으며, 더 강인하고 다부졌다. 알바루 드 캄푸스는 키가 크고(1미터 75로 나보다 2센티미터가 크다), 마르고 몸이 조금 굽었다. 모두 수염이 없으며, 카에이루는 색이 연한 금발에 파란 눈을 가졌다. 헤이스는 부드러운 구릿빛 피부를 가졌고, 캄푸스는 흰 피부와 구릿빛 피부의 중간 정도로, 마치 전형적인 유대계 포르투갈인 같지만, 머리는 직모로, 대개 양옆으로 가르마를 탔으며, 단안경을 낀다. 카에이루는 앞서 말한 것처럼, 오직 초등교육만 받았을 뿐, 거의 교육을 받아본 적이 없다. 부모를 일찍 여의고, 집에 남겨져, 아주 적은 수입으로 살았다. 나이 든 숙모와 함께 살았다. 히카르두 헤이스는 예수회 학교에서 공부했으며, 앞서 말한 것과 같이 의사였다. 1919년부터 브라질에서 살고 있는데, 공화정주의자라는 이유로 망명을 갔기 때문이다. 특이한 교육을 받아 라틴주의자가 되었고, 적절한 교육을 받아 반* 헬레니즘주의자가 되었다. 알바루 드 캄푸스는 학교에서 평범한 교육을 받았다. 그리고 스코틀랜드에 가서 처음에는 기계공학을, 나중에는 해양공학을 공부했다. 방학 중에 동양으로 여행을 가「아편 가게」를 썼다. 베이라 지역에 사는 신부였던 그의 삼촌이 그

---

*   Ferreia Gomes. 포르투갈의 시인. 페소아의 친한 친구 중 한 명.

에게 라틴어를 가르쳐주었다.

세 명의 이름은 어떻게 쓰게 되었냐고?… 카에이루는 순전히 예기치 못한 영감이, 나도 모르는 새, 이 이름을 쓰리라고 생각도 못 한 채 떠올랐다. 히카르두 헤이스는 추상적인 숙고 끝에 갑자기 한 송시에서 구체화되었다. 캄푸스는 뭔지는 모르겠지만 갑자기 뭔가를 써야겠다는 충동을 느낄 때 생각난 이름이다. (나의 반* 이명인 베르나르두 소아레스는 알바루 드 캄푸스와 여러 면이 닮아 있지만, 늘 내가 피곤하고 졸릴 때 나타났다, 그래서 나의 이성이나 어색함의 기제가 덜 놀랄 수 있었다. […])

1935. 1. 13.

문학예술에 대하여

2장 '문학예술에 대하여'는 자신의 시론을 비롯해
낭만주의와 고전주의에 대한 페소아의 생각, 번역에 대한
통찰, 우화라는 장르에 대한 새로운 도전, 문예지를 통해
추구하고자 하는 문학세계의 지향점 등을 다루고 있다.

철학에 고취된 시인 ✻

　나는 시 쓰는 능력을 가진 철학자가 아니라, 철학에 고취된 시인이었다. 사물들의 미美에 감탄하는 일과 알아차리기 힘든 아주 작은 이 세상의 시적 영혼들을 발견해내는 일을 사랑했다.
　이 지구의 시들은 절대로 죽지 않는다. 지난 과거의 시절이 더 시적이었다고 말할 수도 있지만, 한편으로는 [_]
　모든 것에 시가 있다. 땅과 바다에, 호수와 강변에. 도시 속에도 (부인할 수 없이) 내가 앉아 있는 이곳에서도 명확하게 느껴진다. 이 테이블에도, 이 연필에도, 이 잉크통에도 시가 있다. 길 위를 달리는 차들의 덜컹거림에도 시가 있다. 길 건너편, 정육점 간판을 그리는 노동자의 그 매우 작은, 사소한, 우스꽝스러운 움직임 하나하나에도.
　내 내적 감정들은 이 삶 속의 사물들을 바라보는 다섯 가지 감각에 의존하며 (그렇다고 확신하고 있다) 이 방식은 다른 사람들의 방식과는 다르다. 내게는 정말 우스꽝스러운, 예를 들면 어떤 문의 열쇠, 벽에 박힌 못, 고양이의 콧수염 같은 것들도 아주 풍부한 의미로 존재한다.―존재했다. 나에게는, 새끼 병아리들을 데리고 점잔 빼며 길을 건너는 암탉마저도 그 영혼이 암시하는 의미의 충만함으로 다가왔다. 샌들우드

향기, 쓰레기 더미의 오래된 깡통들, 도랑에 떨어진 성냥갑, 어느 바람 부는 날 나부끼다 저들끼리 길바닥에 엉겨 붙는 지저분한 종이 두 장에서, 그 어떤 인간의 두려움보다 더 심오한 의미가 내게는 느껴진다.

 그러므로 시는 경이로움, 감탄, 자신의 추락을 또렷이 인지하고 있는 하늘에서 떨어진 어떤 존재가 사물들에 깜짝 놀라는 것. 사물들의 영혼을 알고 이 앎을 기억하고자 노력하며, 전에는 이런 형태와 이런 상태가 아니었다는 것은 기억하지만, 그 이상은 더 기억나지 않는 누군가와 같은 것이다.

1910?

우주의 직관 속을 여행하는 미친 사람

　　미친 사람들은 명료한 뇌를 가진 이들이다. 혼란스럽고 정신이 나갔다는 것은 미치지 않은 사람의 뇌를 설명하는 말이다.

　　우주의 미스터리, 삶의 복잡함, 개개인의 미래, 이 모든 문제들을 명료하게 직면하면 기어코 사람을 미치게 만들어버린다. 이 문제들을 혼란스럽게 직면하면 정신을 건강하게 유지할 수 있다.

　　길 위의 돌 하나하나 미스터리 하게 걷다 보면 우리 몸의 미스터리가 곧 미스터리를 건드리게 되는 미스터리이다, 이를 선명하게 본다는 것은 광기의 증상이다…

　　추종에의 집착? 사실이라는 것은 보편적인 투쟁이 아니기 때문에? 우리 모두가 의식적으로든 무의식적으로든 서로의 적인 것은 아니기 때문에? 추종에의 집착이란, 나에게 내가 아닌 모든 것에 대한 자연스러운 적대심의 정당한 이해이다.

　　순수한 칭송? 삶의 미스터리의 정신 나간 직관이 새 떼 같은 커다란 무의식의 기쁨 속에서 뇌까지 솟아오르는 것.

　　과대망상? 우리의, 존재가 되기 위한, 오롯이 존재가 된다는 신성한 위대함의 감각.

우울? 이 세계와 삶의 미스터리와 공포에 대한 감각의 몰이해.

모든 유형의 광기는 선명한 시각이다. 이는 멀어버린 눈과 혼란스러운 영혼을 가진 정신의 건강함이다.

미친다는 것은 먼발치서 보이는 미스터리를 향해 걷는 것이다. 미친다는 것은 살기 시작하는 것이다.

삶의 직관을 (혹은 미스터리를) 마주한 이라면? 아주 똑똑한 인간들이다.

그러면 그들은 누구인가? 광기로 걸어가는 인간들, 불완전하게 미친 사람들이다.

1909

문학의 과학

감정들과 욕망들은 인류가 과학적 태도를 찾아 헤맬 때 영혼에서 분리된 오점이다.

미학적 감각은 과학이 될 수 있다. 하나의 학문처럼 수준 높은 독창적 영역이 될 수 있다.

문학의 과학은 지난하고도 엄격한 위선의 교육을 포함하고 있다. 사랑, 즐거움, 슬픔이란 피를 흘리며, 쓰고 있는 것을 느끼지 않은 채로 긴 타래의 글을 쓴다는 것, 이것이야말로 최상의 성취이다. 진정성이란 작가가 원하는 바를 달성할 때 가장 큰 방해물이다. 문학적으로 사물들을 느끼지 않는 오랜 훈련과 배움만이 작가의 정신을 이 경지에 오르게 할 수 있다.

1914?

문학과 현실

　문학은 생각과 결혼한 예술이자, 현실이 오점 없이 실현되는 것으로, 내게는 마치 모든 인간이, 진화한 동물이 아니라 진정한 인간이라면, 궁극적으로 노력해야 할 목표인 듯 보인다. 무언가에 대해 말한다는 것은 그 가치를 보존하고 두려움을 없애기 위함이라 생각한다. 들판이 푸르다고 말할 때, 들판의 실제 푸름보다 그 말에 들어 있는 푸름이 더 푸르다. 상상력을 발휘해 꽃을 묘사한다면, 꽃의 세포는 허용하지 않는 영원한 색깔을 가지게 된다.

　움직인다는 것은 살아 있다는 것이고, 말한다는 것은 살아남는다는 것이다. 삶에 진짜란 없으며, 삶을 잘 묘사했다면 그것은 진짜가 아니다. 작은 집에 사는 비평가들은 날이 좋다라는 말 대신, 길게 운율이 이어지는 시들을 읊곤 했다. 그러나 날이 좋다고 말하는 것은 어려운 일이며, 그 좋은 날도 지나가버린다. 그러니까 좋은 날을 좋은 기억으로 수다스럽게 보존하려면, 텅 빈 채 흘러가는 외부 세계의 땅이나 하늘에 새로운 꽃이나 새로운 별을 심어야 한다.

　다양한 시간 속에서 우리를 뒤따르는 이들에게는, 모든 것이, 우리가 강렬하게 상상하는 대로, 즉 육체가 담고 있는 상상 그대로, 진정 존재하며, 앞으로도 존재할 것이다. 나는 역사라는 것이 빛바랜 위대한 파노라마 속에서, 서로 엇갈린 증언들의 혼란스러운 일치 속 해석의 과정 그 이상이라고는 생각하지 않는다. 낭만주의자들은 우리 모두이며, 우리는 보는 것을 이야기한다. 왜냐하면 보는 것은 다른 모든 것들만큼이나 복잡하기 때문이다.

 지금 이 순간도 수많은 근본적 생각들, 수없이 많은 정말로 형이상학적인 것들이 떠오른다. 그것들은 돌연 나를 피곤하게 한다, 그러고는 나더러 더 쓰지 말라고, 더 생각하지 말라고, 그냥 말하고 싶은 그 열기가 나를 잠재우게 하라고 말하고 있다, 한 마리 고양이에게 하듯이, 내가 말하고자 했던 모든 것들에게 하듯이 눈을 감고 축제를 벌이라고 말한다.

연도 미상

예술과 이상화

모든 예술의 재료는 추상성 위에 놓여 있다. 건축은, 예를 들자면, 움직임과 색깔을 경멸한다. 그림은 3차원과 움직임을 경멸한다. 음악은 소리가 아닌 모든 것을 경멸한다. 시는 **단어**를 기반으로 만들어지는데, 단어야말로 본질적으로 최상의 추상성이다. 외부 세계의 것은 아무것도 대화하지 않기 때문이며, 단어의 부가 물질인 소리 역시 단어와 결합되지 않는 이상 아무 가치도 없기 때문이다. 이 연관성을 알아차리지 못하면 [_]

그렇기 때문에 예술은 언제나 현실의 추상성에 그 근거를 두며, 이상화된 현실을 되찾고자 한다. 소재들의 추상성이라는 부분은 반드시 이상화되어야 하는 부분이다. 그리고 예술은 더 많이 이상화될수록 더 예술적이게 된다.

1915?

상호교차[*]

1. 오직 문학이라는 예술만 존재할 뿐이다. 시도 아니고 산문도 아니다. 오직 문학이다. 문학은 세 가지 요소로 구성된다. 주제, 형태, 리듬. 순수한 철학부터 절대적인 비실체성까지, 이것들이 주제의 범위이다. 모리스 마테를링크[**]의 결코 쓸 필요 없었던 시만큼이나 『순수이성비판』도 문학이다.

2. 예술의 모든 다른 형태들은 문학적 재료를 물질화시킨 것이다. 그림은 문학으로부터 색이라는 요소를 분리해 낸 것이다. 조각은 형태 요소를 분리한 것이다. 건축은 구조 요소를 분리한 것이다. 음악은 운율을 분리한 것이다. 춤, 연극, 웅변, 정치와 같은 대중예술에도 동일하게 적용된다.

3. 문학은 유일한 구체 예술이며, 그렇기 때문에 유일하

---

[*] 페소아는 이성과 감성의 조화를 중시한 '상호교차주의(Interseccionismo)'를 주창한다.
[**] M. Maeterlinck. 벨기에의 시인.

게 완전한 예술이다. 현실을 정신적으로 그 어떤 요소도 빠트리지 않고 재생산한다는 점에서 그렇다. 그 외 모든 다른 예술은 추상적이다. 차갑고 비효율적이다. 예술가는 문학을 통하지 않고는 다른 예술을 이해하지 못하는 사람이다. 그림, 조각, 음악, 건축의 아름다움을 분명하게 인식한다는 것은 퇴행하고 있다는 뜻이다.

연도 미상

미학

서정시를 쓰는 시점은 감정을 느끼는 순간이 아니라 감정을 기억하는 순간이어야 한다. 시는 지적 생산물이고, 감정은, 지적인 존재가 되기 위해서, 그 자체로는, 어쩔 수 없이 지적이지 않기 때문에, 지적으로 존재해야 한다. 감정이 지적 형식으로 존재하는 것은 지적인 것 안에 존재한다는 것이다. 이것은, 기억이라는, 감정 안에 보존된, 유일한 지적 활동을 통해 가능하다.

1928?

시는 자연의 모방 ＊

시는 자연의 모방이다. 자연의 방식을 모방하기에.

예술작품은 (그 어떤 것들과 마찬가지로) 그 안에 생명력을 담고 있을 때 더 오래 지속된다. 그리고 그 안에 생명력을 담고 있는 것은 정확하게 생명의 법칙들을 잘 지키고 있다. 이 법칙들이란 갈등하고 보완하는 힘들의 분열과 봉합 사이에서, 가능한 한 최대로 완벽한 균형을 추구하는 것이다. 이러한 상태와 이러한 구조, '자연을 잘 모방한' 이러한 예술작품들은, 갈등하는 힘들과 분열과 봉합 사이의 균형들을 조정하는 대우주의 법칙을 나름의 소우주 속에서 재생산해냈다는 점에서, 인간을 가장 잘 변호하고 인간에게 가장 많이 기여한다고 볼 수 있다. 단지 이런 예술작품이 오래 지속되기 때문이 아니라, 오래 지속됨으로써 삶에 더욱 순응하고, 그러다 보면 자연의 목적에 더 부합하게 되기 때문이다. 그 자연의 목적이 무엇이 되었건 간에, 자연과 화합하고 갈등을 일으키지 않아야 하며, 우리가 그 목적에 대해 어떻게 생각하든 간에, 그 목적은 죽음에 저항하고 죽음보다 오래 지속되므로, 가장 최상의 것이 아닐 수 없다.

연도 미상

예술과 진정성 *

　예술이 예술이 되기 위해 절대적인 진정성은 필요하지 않지만 특정 종류의 진정성은 요구된다. 예를 들어 누군가가 훌륭한 사랑 소네트를 쓰려면 적어도 두 가지 조건 중 하나는 필요하다. 누군가와 대단히 사랑에 빠지거나, 또는 예술과 대단히 사랑에 빠지거나. 사랑에 대하여 진지하거나, 예술에 대하여 진지해야 한다. 그러지 않고서는 두 가지 모두를 잘 해낼 수 없다. 소네트를 생각하지 않은 채 속이 타들어갈 수도 있고, 상상 속의 사랑하는 이를 생각하지 않은 채 겉이 타들어갈 수도 있으나, 어느 쪽이든 타들어가야 한다. 그러지 않으면, 예술가는 인간적인 열등의식을 극복할 도리가 없다.

『헤로스트라투스 Heróstrato』*에서, 1930?

---

*　페소아의 산문집. 헤로스트라스투스는 아르테미스 신전에 불을 질러 영원히 자신의 이름을 남기고자 했던 고대 그리스의 방화범이다. 페소아는 이 방화범이 악행을 저지르면서까지 영원히 자신의 이름을 남긴 것처럼, 어떤 작가 또는 어떤 작품이 불멸성을 얻을 수 있을지에 대한 고찰을 이 산문집에 담았다.

한 번도 표현된 적 없는 것을 표현하는 일＊

한 번도 표현된 적 없는 것을 표현하는 일보다 가치 있는 것은 없다. 표현되지 않은 채 남아 있어야만 하는 것들의 법칙을 거스르는 일이기 때문이다. 우리는 콜리지＊가 세상에 한 번도 말한 적 없는 위대한 것들을 속에 감추고 있다고 생각한다. 그러나 콜리지는 「노수부의 노래」와 「쿠빌라이 칸」을 통해서 우리에게 말하기를 이미 시도했다. 이 작품들은 어디에도 없는 형이상학과 사라진 판타지와 쉽게 찾아볼 수 없는 상상들을 담고 있다. 자기 내면에서 시가 표현하는 바가 없었다면 콜리지는 이런 시를 결코 쓸 수 없었을 것이다. 여기서 시가 표현한다는 것은 말하는 것이 아니라, 단지 존재하는 것이다.

한 사람이 표현할 수 있는 것은 매우 적다. 한 인생의 감정과 생각들의 총합은 8개의 행으로 된 시 한 편 정도일 수 있다. 만약 셰익스피어가 페르디난드에게 바치는 아리엘의 노래 이외에 아무것도 쓰지 않았다면, 이는 진짜 셰익스피어가 누구인지 표현하지 못했을 것이다. 그래서 그는 더 많은 작품

＊   S. T. Coleridge. 영국의 시인, 비평가, 신학자.

을 남겼다. 그러나 저 노래 하나만으로 테니슨보다 더 훌륭한 시인임을 드러내기에는 충분했다.

어쩌면 우리 모두는 하고 싶은 말이 많지만 그에 비해 할 말은 적을지 모른다. 후대의 독자들은 간단하고 정확한 말을 좋아한다. 파게*는 후손들이 짧게 쓰는 작가들을 좋아한다는 훌륭한 말을 남겼다.

지나친 표현의 유일한 변명이 될 수 있는 것은 다양성이다. 모든 사람은 스무 권 이상의 책을 남겨서는 안 된다. 스무 명의 다른 사람이 쓴 것 같은 경우를 제외하고 말이다. 빅토르 위고의 작품은 50권이 넘는다. 그러나 책 한 권마다, 거의 한 페이지마다, 모두 빅토르 위고를 담고 있다. 다른 페이지들을 모으면 종이 더미일 뿐, 독창적인 무언가가 되지 않는다. 그의 작품 속에는 생산성은 없고 장황함만 있다. 그는 많은 시간을 천재로서 낭비하였으나, 작가로서는 많은 시간을 쏟아붓지 않았다. 그에 대한 괴테의 평가는 당시로서는 앞선, 최고의 평가이자 모든 예술가에게 좋은 교훈이 될 것이다. "더 적게 쓰고 더 많이 일해야 한다." 이 말은 공간의 확장이 필요 없는 실제 일과 공간을 필요로 하는 허구적 일을 구분하고 있다. 종이도 하나의 공간이기 때문이다. 과연 세상에 길이 남을 만한 비평이다.

만일 그가 스무 명의 다른 사람인 것처럼 썼더라면, 그는 스무 명의 다른 사람인 것이고, 어떠한 방식이었던, 그의 스

---

* Émile Faguet. 프랑스의 문예평론가.

무 권의 책은 나름의 가치가 있는 것이다.

『헤로스트라투스』에서, 1930?

영감 *

　그때 우리는 영감이라고 불리는 것을 마주한다. 의미 없는 용어이자 현실인 그것을. 이것은 마치 워즈워스의 단조로움 같은 한밤중에 느닷없이 찾아온 대낮 같은, 이상한 사고와도 같다. 이것은 마치 제라르 드 네르발이 저 멀리 외부 세계에서 가져온 이상한 소네트 위를 배회하는 이상한 화염과도 같다. 윌리엄 블레이크는 영감을 받기 위해 커튼 너머로 손을 뻗었다. 셰익스피어는 늘 영감을 지니고 있었을 뿐 아니라 자신의 악마 그 자체였다.

　호메로스, 베르길리우스, 밀턴의 시를 읽으며 마음이 부풀고 들뜨는 것은 이성적으로 이해 가능하다. 바로 그 작품 자체의 강렬함이다. 그러나 이해할 수 없는 강렬함은 무엇인가? 불꽃이 타오르며 내는 불빛이 아니라, 외부의 빛으로 불붙기 시작해 자신의 불로 만드는 장작처럼, 영감은 이런 것이다.

『헤로스트라투스』에서, 1930?

문학과 예술 *

문학이란 다른 모든 예술을 제공할 수 있는 지적 형태이다. 시는 사상들의 음악적 틀로서 우리에게 자유를 제공한다. 시 안에 담긴 것을 이해하면서 우리가 원하는 것을 보고 듣게 한다. 모든 조각들과 그림들, 모든 노래들과 교향곡들은 이에 비하면 폭군과 같다. 시 속에서 우리는 시인이 말하고자 하는 바를 이해해야 하지만, 한편으로는 우리가 원하는 것도 느낄 수 있다.

『헤로스트라투스』에서, 1930?

지적 예술 ✽

　예술가는 지능이 뛰어나진 않아도, 지성을 사용해야 한다.
　예술은 표현을 통한 감각의 지성화이다. 지성화란 바로 그 표현들을 통해, 표현들 속에서 주어진다. 때문에 위대한 예술가들은(가장 지적인 예술인 문학을 하는 문인들 역시도) 그렇게나 자주 지성이 없는 사람이 많은 것이다.

『헤로스트라투스』에서, 1930?

모든 것이 상징

모든 것이 상징이다.

—그러나, 간혹, 신비주의 성향이 덜하거나 별다른 의도가 없는 시인들의 명료한 작품에서 상징을 증명하려 하는 것을 보면 웃음이 나.

—웃음이 날 게 뭐야. 작품의 '영감'을 더하지 않는 상징들이 어디 있겠어? 이 부분은 시인이 만드는 게 아니야. 뭘 만들 수 있겠어? 어떤 우월한 지성이 하나하나 불러주며 지시를 내리겠어? 시인들은 시를 쓰는 **누군가**가 아니라, **누군가에 의해** 시를 쓰는 이들이야. 그러니까 상징성이 덜 도드라져 보이는 작품에도 상징이 있지. 시인이 그걸 부정한다? 그 시는 시인이 쓴 게 아니야. 누군가가 대신 썼을 뿐이야. 이것이 문학 창작에서 매개를 통한 '자동기법'이라 부르는 것이지.

연도 미상

단어와 목소리

　인간이 자신의 정신을 표현하는 데는 두 가지 방식이 있다. 단어와 목소리이다. 목소리 없는 단어는 없지만, 단어 없는 목소리는 있다. 목소리는 고함 속에, 웃음 속에, 콧노래 속에, 가사 없는 노래 속에도 들어 있다. 이 두 가지를 구분하자면, 우선 단어란 본질적으로 생각이나 관념의 표현이며, 목소리란 간단히 말해 감정의 표현이다. 목소리는 확언할 때도 떨린다. 단어가 확언한다면 목소리는 부정한다. 생각과 감정은 한데 모이는 곳에서 서로 분리된다. 감정은 있지만 생각은 하지 않는 동물들은 목소리는 갖고 있지만 단어는 없다. 개미나 벌 같은 동물의 경우, 단어는 갖고 있지만 목소리는 없다. 그래서 이들은 사회적 조직을 구성하고 지능을 갖춘 듯이 보인다. 아주 오래전부터 내려온 추측이다. 여기에서까지 그 추측에 관한 논쟁을 이어가고 싶지는 않다. 여기에서는 우리의 논쟁이 따로 있기 때문이다. 어차피 이런 논쟁은 많다.

　산문은 대부분 생각의 표현이라고 할 수 있고, 직접적으로 단어로부터 만들어진다. 시는 대부분 감정의 표현이며, 목소리가 직접적으로 만들어낸다. 때문에 초창기의 시들은 말로 전해진 것이 아니라 노래로 불렸다. 생각의 표현을 주로 설명이라고 부르는데, 생각을 밖으로 끄집어내는 것이 곧 설명하는 것이기 때문이다. 감정을 표현하는 것은 주로 리듬이라고 하는데, 감정을 겉으로 드러내려면 생각으로부터 분리해야 하고, 이때 말하기가 빠진 '목소리 내기'만 남게 된다.

 인간은 생각하는 존재이면서 감정을 느끼는 존재이기 때문에, 이 두 가지는 늘 함께 공존한다. 동물들과 같은 순수한 고함이나, 완전히 인위적으로 내는 콧소리를 제외하면 말이다.

연도 미상

문학과 시

'문학'과 '시'가 구분되어 사용되며 별도의 분리된 장르나 개별적 어휘로 사용되는 것을 자주 볼 수 있다. 많은 이들이 이 구분을 보고 이것이 장르적인 구분인지, 범주적 구분인지 의아해할 것이다.

시란, 의심의 여지 없이, 좋은 게 좋은 것이라고 생각한다면, 문학 장르의 한 종류이다. 문학이 단어로 구성된 예술이라면, 시는 특정한 방식으로 배열된 단어로 구성된 예술이다. 콜리지는 말했다. "산문은 잘 정연된 단어들의 모음이다. 시는 잘 정연된 좋은 단어들의 모음이다." 실로 거의 맞는 말이다.

단어는 하나의 단위 안에 세 가지 특질을 갖는다. 내포하는 의미, 환기시키는 의미, 그리고 이 두 가지 의미와 관계하는 리듬이 그 특질이다. 예를 들어 '영혼alma'이라는 단어의 직접적인 의미를 살펴보면 인간 정신의 본질이라는 뜻을 가리키기도 하고, 또 한편으로는 육체의 무의식이라는 의미를 가지며, 또한 보편적이고 추상적 의식에 대한 초월의식을 의미하기도 한다. 그러나 이것은 부분적인 의미일 뿐, '영혼'이라고 했을 때 수없이 많은 부차적 의미를 상기시킨다. 이 부차적 의미란 개인마다 그 개인이 속한 환경과 문화적 요소 등에 따라 다를 것이다. 누군가는 필연적으로 '마음'이나 '의지'를 떠올릴 것이고, 또 다른 누군가는 '영성'이나 '오컬트'를 떠올릴 수도 있다. 또 혹자에게는 '비현실적', '손에 잡히지 않음' 등의 부차적 의미를 상기시키기도 할 것이다. 마지막으로 '영혼'이라는 단어의 소리를 살펴보면, 이 단어는 그 자체도 리듬을 가지지만 앞뒤로 어떤 단어와 함께하느냐에 따라 또 다른 리듬을 가지며, 이 리듬으로 텍스트를 형성하기도 한다. 때문에 텍스트가 보다 분명하게 시작된다는 것은 단어의 부차적 의미를 보다 활짝 개방하면서 시작된다는 뜻이다. 일반적으로는, 단어의 일차적 또는 직접적 의미에 대한 합의를 전제로 하고 부차적 또는 숨겨진 의미를 따로 암시하지 않는다. 문자는 저마다 각기 다르게 발음되며 서로 다른 음향 취향을 갖고 있지만, 단어의 리듬 속에서 서로 더 가까워진다.

    논리적 이해를 위해 이렇게 단어를 세 가지 구성 요소로 구분해본다고 해서 실제 생활에서도 세 가지로 딱 떨어지게 구분되는 것은 아니다. 이 세 요소는 통합적으로 표현되고, 한 단어의 인상이 결과적으로 도출되는 것이다. 때문에 담화 속에 놓인 단어들은 세 요소들 사이에 기거하는 종합적 인식에 그 기원을 둔다. 이 부분이 상당히 중요한데, 리듬으로만 접근하면 단어는 존재하지 않고 단지 자유롭고 독립된 소리일 뿐일 것이며, 의미에 사로잡힐 때에만 비로소 단어는 움직이고 의미를 갖게 될 것이다. '세자르César'라는 단어는 발음 자체는 느슨한 소리를 갖고 있지만, 어떤 제국적 방식의 리드미컬한 특징이 있다. 제국적이라고 한 것은 단어가 불러일으키는 기억 때문이다. 아무 의미 없는 단어들과 나열하거나,

혹은 소리만 예쁘고 의미는 없는 단어를 만들어 같이 배열할 때, 더 이상 그 소리는 아름답지 않다. 말도 안 되고 바보 같은 음악에 불과한 것이다.

한 단어 속에서 통합되는 세 요소를 늘 염두에 두면, 추상화시키지 않아도 문학예술의 세 가지 종류를 구분할 수 있다. 즉 단어의 일차적 의미와 관련된 장르, 단어의 이차적 의미와 관련된 장르, 단어의 리듬, 혹은 더 엄밀히 말하자면 단어의 삶 전체에 리듬을 투영한 장르로 구별되는 것이다.

단어의 직접적 의미가 주로 살아 있는 예술은 산문이다. 그 외에는 없다. 단어의 간접적 의미가 주로 살아 있는 예술 장르는 문학이다. 리듬과 리듬의 투영이 살아 있는 예술 장르는 시이다.

[…]

1924?

예술이란 아주 명료한 표기

예술이란 아주 명료하게 표기하는 것이다.

1. 예술이란 거짓된 감상을 명료하게 표기하는 것이다.
   (정확한 감상을 명료하게 표기하는 것은 과학이라고 한다.)

2. 예술적 과정은 이 거짓된 감상을 기술하는 것이다. 그 기술의 방식은 절대적으로 자연스러우며 진실되어 보여야 한다.
   아이스킬로스*가 "바다의 셀 수 없는 웃음"이라고 말할 때, 그 어떤 관점에서 보더라도 공포스러운 것에 대해 이야기하고 있는 것이다. "셀 수 없는 웃음"이라고 단어를 병치시키는 유사 문법까지도 포함해서 말이다.

1914?

---

* Aeschylos. 고대 그리스 비극 작가.

과학과 예술 ＊

　과학은 사물을 있는 그대로 어떠한 상태인지 묘사하는 것이다. 예술은 어떠한 상태로 느끼는지, 어떠한 상태라고 느끼는지를 묘사하는 것이다.

1909?

예술의 본질 ✱

예술의 본질은 표현하는 것이다. 무엇을 표현하는지는 중요하지 않다.

1909?

극시

예술은 인위적이고 진실하지 못한 것이고, 도덕은 자연스럽고 진실된 것이다.

최상의 예술은 극시라고 할 수 있다. 극시에 쓰인 언어는 실제로 말하는 언어처럼 쓰였다고 느끼게 한다.

연도 미상

생각과 감정

　모든 예술은 이성화된 감정으로 만들어진 것이거나 감정화된 생각으로 만들어진다. 만일 예술이 제아무리 대단한 감정이라도 이성을 수반하지 않거나, 제아무리 강력한 생각이라도 감정을 수반하지 않는다면 예술의 기능적 측면에서 실패한 것이다. 단순한 감정이거나 단순한 생각이 될 수 있을지는 몰라도, 예술이라고 할 수는 없다.

연도 미상

도덕적 예술과 비도덕적 예술

　예술이 도덕적이어야 하는가, 비도덕적이어도 되는가의 문제, 즉 예술이 '예술을 위한 예술'이며 도덕으로부터 독립적인 존재여야 하는가는 문제는, 간단한 정답을 가졌음에도, 많은 철학자들이 이를 두고 집요하게 고뇌했다. 특히 예술이 도덕적이어야 된다는 것을 증명하고 싶은 철학자들은 더욱.
　먼저 미학자들에게는 이렇게 설명할 수 있다. 예술이란 아름다움의 창조를 목적으로 한다. 그러니 누가 예술에게 도덕을 강제할 수 있을까? 정답은 간단하다. 도덕 그 자체이다. 도덕은 우리 삶의 모든 행동들을 규제하며, 예술 역시 삶의 일부이기 때문에 예술에게 도덕적이기를 명령할 수 있다. 예술의 본성 자체가 도덕적이라고 생각하는 이들은 오류를 범하고 있는 것이다. 예술 그 자체에서 도덕을 찾아낼 수는 없다. 예술은 아름다움만을 그 목적으로 한다. 예술이 도덕적이고자 하는 이유는 도덕에 있으며, 이는 미학의 외부에 있는 인간 본성에 근거한다.
　예술은 순수예술의 특징과 사회적 특징, 이 두 가지 양상을 지닌다. 예술적 측면은 미를 창조해낸다. 그뿐이다. 마치 아름다움이란 인간의 상식과는 동떨어진 것처럼(비록 인간의 상식으로 평가받기는 하지만), 마치 아름다움 그 자체가,

말하자면, 의견으로부터 동떨어진 것처럼, 예술은 그 어떤 다른 사회적 목적 속에서 (…) 아름다움을 창출할 뿐, 그 외의 도덕적이거나 지적인 고려는 하지 않는다.

그러나 예술은 또 다른 양도 불가능한 특성을 지닌다. 예술가는 예술가이기도 하지만 한 명의 인간이다. 순수하게 예술가로서는, 앞서 말했듯, 미의 창출이라는 단 하나의 목적만을 가지며, 그것만이 그의 유일한 의무이다. 그러나 사회 속에 살아가는 한 인간으로서, 그는 자신의 작품을 대중에게 발표한다. 예술가로서 사회를 살아가고, 인간으로서 사회를 살아간다. 예술가로서의 목적은 단 하나, 즐겁게 하는 것뿐이다. 사람으로서 추구해야 하는 목적도 단 하나, 명예를 갖는 것이다. 이제 예술가의 속성을 세 가지로 구분해볼 수 있다. 순수하게 예술가로서의 자아(오직 미의 창출만을 목적으로 하는), 예술가이자 동시에 한 인간으로서의 자아(자신이 창출한 아름다움이 인정받기를 원하는), 그리고 순수하게 한 인간으로서의 자아(일반적으로, 그리고 실질적으로 모든 사람들이 공통적으로 그러하듯 명예를 원하는). 첫 번째 자아는 비인격적이라고 할 수 있으며, 두 번째 자아는 인격적인 것과 비인격적인 것 중간 정도라 할 수 있다. 자신의 예술작품이 인정받길 원하는 것은 전혀 이기적이라고 할 수 없는 부분이다. 그리고 마지막 자아는 전적으로 인격적이다.

이로써 앞서 제기한 문제에 해답을 내리고 싶다.

예술가의 세 가지 면모를 살펴보았듯, 예술가는 다양한 규칙하에 존재한다. 순수하게 예술가로만 존재할 수 있다면 미학 이외에 그 어떤 규칙도 그에게 힘을 행사할 수 없다. 그러나 다른 규칙을 지키는 것도 만족감을 줄 수 있다. 또한 인간의 본성이란 미학적인 측면, 도덕적 측면, 지적 측면 등으로 여러 개로 쪼갤 수 있는 것이 아니며, 하나의 인격체로 살아야 한다. 미학만을 가지고 살아간다면 완전히 미학적 관점에서만 예술작품을 감상하고, 휴머니즘은 전혀 상관하지 않을 것이다. 미^{美}를 좇는 것만이 그의 근본적 기능일 것이다. 그러나 복합적 인격체인 보통 인간들은 미학에만 근거할 수 없다. 다른 요소들도 작품을 감상할 때 불가피하게 적용된다. 뛰어난 혁명시는 보수주의자들보다는 진보주의자들에게 더 감동으로 다가올 것이다. 그 두 부류의 감상자들이 동등한 정도의 미학적 식견을 지니고 있다고 해도 말이다.

인간은 단순하게 미학적 관점에서만 작품을 보지 않으며 복합적인 도덕 구성체로서 작품을 감상한다. 때문에 저속하고 불순하여 [_] 불쾌하게 하는 것들도, 단지 미학적 측면에서만 판단하는 것이 아니라 도덕적 측면까지 고려하는 것이다.

1914?

예술의 종류

'즐겁게 하는 것'을 목표로 하는 예술이 있다. 춤이나 노래 등 표현하는 예술이 이에 속한다.

'만족시키는 것'을 목표로 하는 예술이 있다. 조각, 회화, 건축이 이에 속한다.

'영향을 주는 것'을 목표로 하는 예술이 있다. 음악, 문학, 그리고 철학이 이에 속한다.

'즐겁게 하는 것'을 목표로 하는 예술은 그 예술의 가치나 힘을 시간으로부터 도출할 수 없다. 왜냐하면 이 시간은 어쩔 수 없이 제한되어 있기 때문이다. 예술을 즐기는 영혼의 상태로부터도 도출할 수 없다. 즐긴다는 것은 가치와는 별개의 것이기 때문이다. 다만, 그 예술을 즐기는 사람의 '수'는 정할 수 있다. (그리고 얼만큼의 '강도'로 즐겨야 하는지도?)

'만족시키는 것'을 목표로 하는 예술은 이미 그 평가 기준이 어느 정도 정해져 있다. 예술이 만족시키는 사람의 수와 만족감을 느끼는 강도가 그것이다. 앞에서 소개한 종류의 예술처럼 '폭넓게' 가치를 갖느냐보다 얼마나 '깊이 있게' 만족하느냐를 평가한다.

'즐겁게 하는 것'은 이러한 강도의 깊이를 측정하기 어렵다. 왜냐면 즐긴다는 것은 다양화시킨다는 것이며, 다양화시킨다는 것은 오래 지속되지 않는 것이고, 오래 지속되지 않는 것은 결코 아주 깊이 있는 것이 될 수 없기 때문이다.

'영향을 주는 것'을 목표로 하는 예술은 양적으로나 질적으로나 영향을 끼치고자 하며, 그 시대의 많은 수의 양질의 군중을 그 영향의 대상으로 삼아야 한다. 때문에 다양한 시대정신을 아우르며 어떤 시대든 근본적으로 공통되게 갖고 있는 우수한 평균치의 질적 요건을 갖춰야 한다. 그것이 과연 무엇인가? 뛰어난 시대에는, 혹은 그 시대의 뛰어난 인재들은 공통적으로 다음의 것들을 갖추고 있었다. ① 심리 연구, ② 형이상학적 고찰, ③ 추상적(근원적) 감정. (이것은 각각 ① 문학, ② 철학, ③ 음악이다.)

1925?

예술의 가치

예술의 본질적인 가치는 예술이 이 세상 인간의 행보에 단서가 되며, 인간들의 감정적 경험의 요약본이라는 데 있다. 게다가 예술은 감정에 의한 것이며, 감정이 유발하는 생각으로 인한 것이기 때문에, 누구보다도 실질적으로 이 땅 위에 살아가는 인간들과 그들의 생생한 경험은 객관적으로 사실을 기술한 연대기나 지배자들을 중심으로 기술된 역사책이 아닌 풍요로운 감정의 책으로 기록된다.

과학을 통해서 우리는 우리가 살아가는 세상을 이해하고자 하지만, 이는 세상을 활용하기 위함이다. 이해 그 자체에서 얻는 즐거움과 갈망은, 보편적으로 한 개인의 사적인 태도이거나 브라우닝*이 말한 [_]이며, 이를 형이상학적으로 확장시킨 것이 바로 예술이다.

예술을 다가오는 경험에 대한, 다양한 감정들의 바람직한 진보를 위한 가이드북으로 사용하자. 역사가 아니라 예술

---

* R. Browning. 영국의 낭만주의 시인.

이야말로 인생의 스승이다.

1925?

고전주의 법칙 *

[…] 그러나 고전주의자들이 잘못 생각하는 것이 있는데, 바로 어휘의 선택이나 문장을 구성하는 데 있어서 냉철함과 단순함을 지키는 것이 고전주의의 중요한 가치라고 착각하는 것이다. 이러한 비판에도 불구하고, 언제나 일차적인 것을 위해 이차적인 것을 취하는 경향이 있다. 어휘의 냉철함, 생각과 표현의 단순함은 당연하게도 그 어떤 시에서도 의무적인 특징은 아니다. 시란 의식이나 지식이 아니라, 갑작스럽게 발현되는 것이며 이는 감정의 영역이다. 선천적으로 열정이 넘치고 감수성이 풍부한 시인에게 어떻게 어휘를 고를 때 냉철하게 고르라고 요구할 수 있겠는가? 선천적으로 생각을 복잡하게 하고 감정이 지나치게 섬세한 시인에게 어떻게 문체의 단순함을 요구할 수 있겠는가?

그렇다면 시에서 요구되는 것은 무엇인가. 디테일이 아무리 명료하든, 문장 배열이 아무리 복잡하든, 고전주의자들의 입장에서는 이러한 명료함과 단순함이 부분적인 특징이 아니라 작품의 전체적인 특징이어야 한다. 누가 셰익스피어의 어휘와 그의 글의 구성이 덜 미묘하고 덜 복잡하길 바라겠는가? 바보나 프랑스인들이나 그럴 것이다. 누가 존 던*을 감수성이 너무 풍부하고, 지나치게 데카당스적이며 변덕스럽다고 나무랄 수 있겠는가? 앞서 언급한 이들이나 그럴 것이다. 우리는 셰익스피어나 존 던에게 설명을 요구하기도 한다. 그러나 그것은 셰익스피어가 잘 정렬된 전체를 구성하지 못하기 때문이고, 던의 경우 글이 어디로 흘러가는지 보지 않고 쓰기 때문이다. 두 작가 모두 한 자질들을 시에 적용했으나, 이 자질들은 사실 시에 적용할 만한 것들이 아니다. 시의 영역에서는 시를 부분들로 구성된 전체로 보아야 하지, 전체를 형성하는 부분으로 보아서는 안 된다.

1915?

---

* John Donne. 영국의 성공회 사제이자 시인.

고전주의자와 낭만주의자 *

    고전주의자가 표현하는 사람이라면, 낭만주의자는 자신 안에 표현하고자 하는 수많은 것들을 지녔지만 오직 자신 안에서 표현하고자 하는 것이 많다는 것만을 표현하는 사람이다. 예를 들어 셸리*를 구성하는 대부분이 마치 셸리가 다른 사람이 된 듯 셸리를 표현하는 것이라는 사실은 매우 놀랍다. 그러나 그 모든 표현들은 여전히 여과되고 정제되어야 하는, 문자로 표현할 수 있는 빛나는 가능성이자, 경이로운 가상 세계이다.

1930?

---

*   P. Shelley. 영국의 낭만주의 시인.

낭만주의와 고전주의

　일반적으로 낭만주의라고 일컬어지는 문예사조는 그보다 앞선 고전주의와 크게 세 가지 방식에서 대조된다. 고전주의의 촘촘하고 건조한 짜임새는 최대한 다른 방식을 사용하여 상상력과 자유를 발휘하는 것으로 바뀌었다. 지식을 예술 형성의 요소로만 사용하고 내용적 요소로는 결코 사용하지 않으며 사변 관념의 협소한 적용을 보여준 고전주의 예술은, 관념들로 쓰인 문학으로 대체되었다. 감정이 이성에 종속되는 고전주의적 방식은 이성이 감정에 종속되고 보편적인 것이 사적인 것에 종속되는 식으로 대체되었다. 처음 두 가지는 예술의 혁신이자 부활이라 볼 수 있으나, 마지막 한 가지는 순전히 병적이다. 19세기의 병폐는 이 마지막 세 번째 요소가 나머지 두 가지 요소를 침투하고 감염시킨 것이다.

　모든 문명이 그러하듯 주기적으로 순환하는 예술 사조에 따르면, 위에서 언급한 낭만주의의 두 가지의 혁신적인 과정은 고전주의와 대조되던, 그리스적이기보다는 라틴적인 헬레니즘의 수정에 그치지 않는다. 또한 낭만주의의 두 특징은 헬레니즘 정신뿐 아니라, 르네상스 정신을 유럽 문학에 다시 가져온 것이라고도 볼 수 있다. 특히 감정과 이성 간 질서의 도치 때문에, 낭만주의는 세기말 시대의 흔한 현상이 되었다.

또한 르네상스 시대에는 마지막 세 번째 특징이 발현되지 않았으므로, 르네상스 시대의 시들은 더 수준 높은 시적 성취를 이룰 수 있었고, 때문에 낭만주의 시대에는 단테나 밀턴 같은 작가가 배출되지 못한 것이고, 이러한 구조적 결함이 새로운 시스템을 붕괴하게 만들었다.

선천적으로 병을 갖고 태어난 낭만주의는 그 발전 과정에서 몰락하였다. 세 구성 요소를 통합하지 못하였고, 각각의 요소는 개별적으로 발전하여 각기 다른 흐름을 형성하였다. 상상력이 양심의 가책을 모방하면서 지난 한 세기 동안 유행했던 자연주의 문학을 탄생시켰다. 예술의 본질과 주제에 있어 사변적 관념을 도입하면서 사실주의 문학과 [_]이 탄생하였다. 이성과 감정이 도치되면서 데카당스, 상징주의 등의 사조가 탄생하였다.

이 요소들은, 비록 서로 구분되는 흐름을 형성하였긴 하지만, 별개의 것들이 아니다. 크게 보자면 처음 두 요소들로부터 탄생한 문학의 창작자들은 개인주의적personalista 선입견에 오염되었다고 볼 수 있는데, 이 선입견이야말로 세 번째 요소의 병리적 특징이다.

20세기는 지난 세기의 유산을 물려받으며 본질적인 문제를 떠안고 있다. 바로 오늘날의 감정과 상상력을 추구하는 분위기와 이성적이고 사적이지 않은 질서의 화합이다.

이 문제를 프랑스의 통합주의자들이 원하는 방식대로 둘 중 하나를 억제하여 해결하는 것은 불가능하다. 그렇다고 해서 이성보다 감정이 더 득세하는 것을 받아들이는 방식으로도 해결할 수 없다. 이 득세를 인정한다면, 균형점을 찾아야 할 질서도 사라질 것이고, 문제는 해결되지 않은 채 미제로 남을 것이다. 해결책이 분명 있긴 하다. 예술가의 개성을 추상화시키고, 그 안에 질서와 규율을 포함시키는 것이다. 이렇게 하면 질서는 주관적이면서도 객관적이지는 않은 것이 된다.

추상적인 상상으로 돌아가는 것, 추상적인 감정으로 돌아가는 것이 해결책이다.

감정의 극화. 르네상스 시대 사람들은 이미 그렇게 했다. 그들이 쓴 감정의 시는 비인격적이고 보편적인 인간의 것이다.

추상적인 감정.

독일의 초월주의자들에게서 탄생한 판타지 문학과 뒤이어 등장한 콜리지의 위대한 두 편의 시들. 이것들은 중세에 그 기원을 두고 있다.

감정의 극화를 위해서 충동적이고 개인적인personal 감정을 벗어버리고 추상적이고 인간적인humana 감정으로 갈아입는다.

1918?

낭만주의와 이성

우리 시대는 이성을 갈망하고 있다. 낭만주의에서 못마땅한 점이 바로 이성적 요소가 부족하다는 것으로, 이때 부족하다는 것은 부재 그 자체를 의미하기도 하고, 이성이 감성적인 요소에 종속되어 있다는 것을 의미하기도 한다. 낭만주의에서 유일하게 이성적인 요소라고 볼 수 있는 것이 사변적이고 반성적인 부분으로, 이는 종교적 영향으로 인한 자연스러운 현상이다. 이 부분에서만큼은 낭만주의가 강점을 지니고 있는데, 유럽 문명화의 위대한 전통과 헬레니즘 및 동시에 이성적 개인주의의 전통하에 있기 때문이다.

다른 부분들을 보자면 낭만주의는 기독교 전통의 결과물로, 감성적이고 주관적인 요소들이 이를 방증한다.

낭만주의는 특히 자연에 대한 감정을 다시 불러일으켰다. (이는 비유와 이미지의 혁신을 야기했다.)

낭만주의는 세기말 '고전주의'를 답습하기도 하고 비판하기도 하였는데, 이 세기말 '고전주의'에는 생각이나 감정, 영혼을 찾아볼 수 없었다. 현대의 우리가 목가주의의 자크 드릴*의 글을 그대로 받아들이기는 쉽지 않다. 올리버 골드스미스**가 쓴 시들은 몇몇 시를 제외하고 「나그네The Traveller」, 「버려진 마을The Deserted Village」, 「앙갚음Retaliation」 등에서 따분함이 느껴진다.

    고전주의 말기에는 풍자, 사회 참여시, 사교시 등이 발달하였으며 하나의 장르를 형성하기도 하였다.

    예술에 있어 주관성이 크면 클수록, 그 객관성도 동일하게 커져야 하며, 균형을 이루어야 한다. 균형이 없다면 예술에 생명을 불어넣기는 힘들고, 따라서 오래 살아남기도 힘들어진다. 낭만주의가 보다 감정적 요소를 많이 갖고 있기 때문에, 이성적인 부분도 더 많이 포함했어야 한다. 주관성이 많을수록 객관성도 더 많아야 하는 것처럼 말이다.

    (알바루 드 캄푸스의 답신: 우리 시대는 이성에 질려 있다. 이성은 아무 생산성 없고, 과학은 부차적 문제로 밀려나 있다. 철학자들은 비합리주의자들이다.)

1914?

---

*　　Jacques Delille. 18세기 프랑스의 시인.
**　　Oliver Goldsmith. 18세기 아일랜드의 시인.

낭만주의와 개인주의

낭만주의가 진짜 위험한 이유는 자기 스스로를 예술가의 범주에 속한다고 여기게끔 착각하게 만들고, 그것이 어쩔 수 없는 법칙이라고 생각하게 만든다는 것이다. 손에 잡히지 않는 행복에 대한 갈망을 갖는 것, 이루어질 수 없는 꿈에 대한 비애가 있는 것, 삶과 행위에 대한 의욕이 부족한 것. 이런 것들이 마치 천재나 재능을 가진 사람이 되기 위한 기준인 것처럼, 이런 욕구를 느끼거나, 이런 비애를 가지거나, 이런 의욕이 부족한 사람이라면 누구나 쉽게 즉각 예술가가 되는 것처럼 말이다. 어느 잘난 개인은 스스로가 이러한 갈망, 이러한 고통, 이러한 좌절이 모두 자신의 운명이 이끄는 것이라고, 그리고 이러한 좌절은 암묵적으로 위대한 깨우침을 위한 것이라고 확신한다.

고전주의는 그렇지 않다. 고대 사람들은 시인의 조율하고 구성하는 능력에 대한 믿음이 있었고, 시인이 소유하고 있으나 어떠한 것이라고 추정하기는 결코 쉽지 않는 내적 규율에 대한 믿음이 있었다. 낭만주의적 시각에서 보았을 때 시인에 대한 이러한 요구사항은 결코 쉬운 것이 아니다. 예술을 구성하는 자질은 타고나는 것이라고 잘못 믿는 사람들이 많다. 그러나 특정 몇몇 사람만이 아니라, 모든 사람은, 근본적인 자질만 갖춘다면 예술가가 될 수 있다. 그 근본적 자질이란, 욕망에 대해 텅 빈 허망함을 갖는 것, 이유 없이 고통을 느끼는 것, 일하고자 하는 의지가 없는 것 등이다. 이런 특질들은 대개 모든 사람이 가지고 있는 것이다. 조금 모자란 사람들과 영혼이 아픈 사람들에게는 특히나 더 도드라진다.

낭만주의가 위험한 이유는 개인주의를 장려하기 때문이 아니다. 그릇된 개인주의를 장려한다는 것이 위험한 지점이다. 개인주의 그 자체가 잘못된 것은 아니다. 그러나 개인주의가 지나칠 경우 도덕적으로나 정치적으로 문제가 된다. 고전주의에 특정한 방식이 있듯이, 개인주의에도 특정한 방식이 있다. 물론 잘못된 방식이지만 말이다. 그 방식이란 히스테리 환자나 가여운 신경쇠약 환자일 뿐인 사람이, 자신의 히스테리나 신경쇠약이라는 질병만을 이유로 스스로를 시인이라고 여기는 오만을 허용하고 그것을 권리로 부여해버리는 것이다.

낭만주의 시인이 사물의 영원한 필멸성을 한탄하며 노래한다면, 그것은 아주 인간적인 감정을 정당하게 사용하고 있는 것이다. 인간됨으로 인해 괴로워하며 자신의 고통을 위대한 대자연과 수놓아진 별자리들에게 호소할 때, 이는 인간의 역사만큼이나 유구한 감정을 합법적으로 사용하는 것이며, 비단 시적인 주제로만 사용되는 것은 아니다.

초라한 삶이나 보잘것없는 삶이 파괴되는 것은 위대한 삶이나 고귀한 삶이 파괴되는 것만큼 비극적인 일이다. 그러나 이것은 외부의 시각이지, 내면의 시각은 아니다. 보잘것없는 영혼의 파괴는 보잘것없는 영혼에게 결코 거창한 일이 될 수는 없다.

1917?

예술작품이란

예술작품이란 본질적으로 **객관적 해석**과 **주관적 인상**으로 구성된다. 과학은 객관적 인상으로부터 주관적 해석이 도출되는 것이고, 철학은 존재에 대한 탐구로서, 객관적 인상으로부터 객관적으로 해석된다는 점에서 예술과 차이를 보인다.

과학은 사물들의 구체적인 법칙을 찾고자 한다. 관찰하는 사물의 종에 해당하는 주제나 목적 등을 규정하는 법칙을 발견하는 것이다. 과학은 그런 의미에서 주관화 작업이라고도 할 수 있는데, 그 결과가 정해진 몇몇 현상들로부터 도출되기 때문이다. 과학은 분명한 한계를 가진 현실적인 작업이며, 때문에 객관적인 인상의 주관화이고, 일종의 균형 잡기이다.

이에 반해 철학은 객관화하고자 하기 때문에 언제나 추상적이다.

예술은 세 개의 분야로 구분할 수 있다. 첫째는 작업하는 대상물에 대한 인상, 혹은 생각과 관련된 예술이고, 두 번째는 이 인상과 생각을 예술적인 방향으로 해석하는 예술이고, 마지막으로 이 인상과 생각의 대상이 되는 것 자체에 대한 예술이다.

따라서 예술은 세 가지 외부의 기준을 따르게 된다. 인상이나 생각을 규정하는 법칙을 따라야 하고, 모든 해석을 주관하는 법칙을 따라야 하며, 마지막으로 모든 객관화와 관련된 법칙을 따라야 한다. 각각의 경우에서 이 법칙들이란 무엇일까?

먼저, 인상이나 생각을 규정하는 법칙이란 무엇인가? 이 법칙들은 총 세 가지로, 예술의 주관적인 요소들을 다루고 있다. ① 어떤 인상이나 생각은 개인의 특성에 비례하여 완벽하고도 전형적으로 나타나며, 이때 비례하는 기질이라는 것은 개인의 기질, 개인의 전체적인 기질(개인의 가장 그럴듯한 기질), 가능한 방식으로 내면에서 가장 조화롭게 배치된 개인의 기질(**이 마지막 요소를 연구해볼 것**)로 나누어볼 수 있다. 예술의 주관성이라는 요소는 객관적인 비평만큼이나 독창성에 기여한다(**이 표현이 마음에 든다면 참고할 것**).

② 객관화를 지배하는 규칙들은 무엇인가? 객관화를 통해 무엇을 달성하고 싶은지 알아보자. 단어 자체가 갖는 함의는 생각의 축약이며, 또는 그 어떤 것이든(객관화하는 그 대상은 객관적이지 않은 생각이어야 한다) 객관의 범주에, 즉 외부 세계에 속하는 그 어떤 것에 대한 유비의 범주에 속하게 하는 것이다. 객관화를 결정하는 세 가지 법칙이 있다. 첫 번째 법칙. 객관(사물)은 다른 객관들(사물들)로부터 구분되고 제한되어야 한다. 두 번째 법칙. 객관은 전체를 형성하는 부분들로 구성된다. 이 부분들은 전체의 부분으로서 전체 속에서 존재하며, 전체와 관련이 되어야만 부분으로 고려된다. 그리고 이 전체는 부분과 개별적으로 존재하며, 전체를 형성하는 부분들의 조화를 통해서만 존재할 수 있다. 세 번째 법칙

(사실상 첫 번째여야 함). 모든 객관은 가능한 대다수의 사람에게 발견되는 엄청난 차이에 비례하여 실체가 된다. 때문에 객관화의 법칙이 있는 것이다. 첫 번째(위에서 언급한 세 번째). 핍진성의 법칙. 두 번째(위에서 언급한 첫 번째). 비＊반복의 법칙. 세 번째(위에서 언급한 두 번째). 전체와 구성된 부분 사이의 상호의존 관계의 법칙. (곧 조화로운 단일체의 법칙이다. 전체를 관찰할 때, 그것을 구성하는 부분들을 통해서 관찰하는 것이기 때문이다. 비록 단번에 그것들을 보고, 단숨에 전체와 관련된 생각들을 요약하긴 하지만 말이다.)

③ 해석을 주관하는 법칙들은 무엇인가. 어떤 것이든 그것에 관여한 감각의 현상들 중 도드라진 것(가장 도드라진 것)만이 이해되고 해석으로 발전된다. 관련된 법칙 또한 세 가지이다. 첫 번째. 해석이란 해석된 객관들 사이의 관계에서 특별하고도 전형적인 조화를 최대한 많이 유지할수록 더욱 복잡해진다. 두 번째. 해석은 그 해석을 통해 해석된 객관을 망각할수록 더욱 완벽해진다. (번역처럼 보이지 않을수록 더욱 완벽한 번역인 것이 그 예이다.) […]

1916?

의미와 리듬

시는 리듬을 **통해서** 의미가 구현되는 문학 장르이다. 리듬은 의미를 전체적으로 혹은 부분적으로 결정한다. 그 결정이 전체적일 때는 리듬이 의미를 조각한다. 그 결정이 부분적일 때는 리듬으로 인해 의미가 특정되거나 촉진된다. 따라서 시를 번역할 때 가장 먼저 고려해야 하는 것은 리듬이다.

연도 미상

서정시의 단계

　서정시의 첫 번째 단계는 시인의 응축된 감정적 기질 속에 있는 것으로, 순간적으로 또는 반사적으로 이런 성정과 감정을 표현하는 것이다. 이는 가장 통속적인 유형, 혹은 가장 장점이 적은 서정시인의 유형이다. 감정이 응축되면, 일반적으로 하나의 기질 단위를 형성한다. 그리고 이런 유형의 서정시인은 모노코드*에 비유할 수 있는데, 말하자면 정해진, 그것도 많지 않은 종류의 감정 근처만을 맴도는 시를 쓴다. 따라서 이 유형의 시인들은, 쉽게 말해 '사랑의 시인'이거나, '그리움의 시인'이거나, '슬픔의 시인'이라고 알려져 있다.

　두 번째 단계의 서정시는 보다 지적이고 상상력이 풍부한 요소를 많이 쓰는 시인들의 시이다. 첫 번째 유형의 시인들과 비교하자면 더 교양 있으면서도, 감정의 단순화나 감정의 한계가 없다는 것이 차별화되는 특징이다. 이들이야말로 일반적인 용어로 말하자면 전형적인 서정시인이라고 볼 수 있지만, 모노코드식의 시인은 아니다. 이 시인들의 시는 다양한 소재를 다루면서도 그 스타일이나 감정적 기질에서는 통

---

*　하나의 현으로 된 음향 측정기.

일감을 보인다. 스윈번*처럼 기질이나 스타일에서 획일성을 가지면서도, 사랑시를 쓰기도 하고, 구슬픈 애가哀歌를 쓰기도 하고, 혁명시를 쓰기도 하는 다양한 면모를 보이는 것이다.

서정시의 세 번째 단계는 전 단계보다 더 지적이면서도, 스스로 탈개성화시키고, 느끼기 때문에 느끼는 것이 아니라 느낀다고 생각하기 때문에 느끼는 단계이다. 실제로는 존재하지 않는 영혼의 상태를 느낀다. 단순히 그 상태들을 이해하기 때문이다. 내적 본질을 파악하자면, 극시의 전 단계이다. 시인의 기질이 어떠하든 지성에 의해 용해된다. 시인의 작품은 문체에 의해 통일되며, 문체란 집단적 정신의 보루이자 자기 자신과 공존하는 공간이다. 테니슨**은 이렇게 시집 『율리시스』와 『샬럿의 숙녀』를 썼고, 브라우닝도 마찬가지로 「극시」라고 불리는 시를 발표했다. 이 시집은 대화가 아니라 여러 영혼들의 독백으로, 시인은 스스로의 정체성을 가지고 있지 않으며, 갖고 싶어 하지도 않는다.

네 번째 단계의 서정시는 가장 희귀한 유형으로, 역시나 전 단계에 비해 지적이고 비슷한 수준으로 상상력이 있지만, 완전한 탈개성화에 진입한 시이다. 직접 소유하지 않은 영혼들을 단순히 느끼는 것이 아니라, 살아낸다. 대부분의 경우, 직접 대사를 뱉는 극시의 형태로 나타난다. 셰익스피어가 그 대표적인 시인으로, 그는 본질적으로 서정시인이지만 탈개성화를 놀랍도록 이루어내며 극시를 썼다. 또 다른 사례가 브

---

*   A. C. Swinburne. 영국의 시인.
** A. Tennyson. 영국의 시인.

라우닝, […]. 문체만으로는 한 인간이라는 개체를 정의할 수 없다. 문체 속에 내포하고 있는 지성이 있을 뿐이다. 셰익스피어는 문장 속에 미묘하고 복잡한 표현을 통해 예상하지 못한 문장들을 쓰는데, 이 문장들이 정말로 햄릿과 리어왕, 팔스타프*와 맥베스 부인이 말할 법한 방식이다.

그러나, 추정컨대, 시인은 외적으로는 늘 이런 극시를 피하고, 탈개성화의 계단에서 한 단계 더 나아간다. 느끼는 것이 아니라 생각하고, 상상으로 느끼며, 그렇기에 생생한 영혼의 특정 상태는 진정으로 느끼고자 하는 허구적 인물을 정의 내리기에 이를 것이다.

1930

---

* 「헨리 4세」에 나오는 희극적 인물.

먼저, 상징을 느껴라

먼저, 상징을 **느껴라**. 상징이 영혼과 삶을 가지고 있음을 느껴라. 상징을 사람이라고 생각해라. 그러다 보면 해석이 될 것이나, 먼저 느끼지 않으면 해석도 되지 않는다. 의식儀式들은 장엄함과 매혹적인 방식을 통해, 서로 다른 목적 속에서 서로 대화하는 상징들의 삶을 느낄 수 있는 계기를 마련해준다. 이미 본능적으로 상징들의 삶을 느낄 수 있는 능력을 내재한 사람들에게는, 이러한 의식의 계기들이 필요 없다. 엘리파스 레비*는 그런 이유에서 어떠한 기사단에 소속되지도 않았고, 소속될 필요도 없었던 것이다. "내 경우에 그 계기는", 그가 말했다, "오직 나에게서만 그리고 신에게서만 시작된다." 이 문장은 엄밀하게 참이라고 할 수는 없다. "오직 나에게서만 그리고 스승에게서만"이라고 말해야 옳을 것이다. 왜냐면 신은 계기를 제공해주는 자가 아니라, 계기 그 자체이기 때문이다. 사소한 오류는 있지만 큰 틀 안에서 그의 말은 어떤 이야기를 하고자 하는지 잘 보여주고 있다. '신'이란 진리 그 자체이지, 진리를 가르쳐주는 존재가 아니다. 또는 신이

---

*   Eliphas Levi. 프랑스의 시인. 오컬트 작품을 많이 남겼다.

스스로에 대해 밝힌 것처럼 길과 진리와 생명 그 자체이다.
(나와 아버지는 하나다.)

                                    1934

번역 예술 *

이미 누군가 '번역의 역사'에 대한 책을 썼을지도 모르겠다. 읽어보지 않아도 아마 엄청 두꺼운 책이겠지만, 또 매우 재밌는 책일 것이다. '표절의 역사'에 관한 책(이 책도 저자를 기다리고 있다)만큼이나 말이다. 번역이 표절을 상기시키는 이유가 있다. 번역은 작가라는 이름으로 행하는 표절에 다름 아니기 때문이다. 이 두 가지를 합치면 완벽한 '패러디의 역사'라는 책이 완성될 것이다. 번역이란 패러디의 또 다른 이름이기 때문이다. 패러디를 할 때 사용되는 정신적인 과정은 번역에 사용되는 정신적 과정과 일치한다. 두 경우 모두, 저자의 영혼이 필요하지 않게 하기 위해 저자의 영혼을 빌려온다. 패러디의 경우, 진지한 저자로부터 유머를 자아내는 것이 목표이며, 번역의 경우 저자가 다른 언어로 글을 쓴 것처럼 언어를 바꾸는 것이 목표이다. 재미있게 쓰인 시를 진지한 시로 패러디하는 사람이 언젠가는 나올까? 그건 알 수 없다. 그러나 의심의 여지 없이 많은 시들이, 아주 위대한 시들도, 원문의 언어로 다시 쓰여질 경우 오히려 더 나아질 것이다.

이 문제는 우리에게 하나의 질문을 던진다. 예술과 예술가 중 더 중요한 것은 무엇일까, 개인일까, 그 결과물일까? 최종 결과물이 더 중요한 것이라면, 빼어나지 않은 시를 썼지만 유명한 시인을 정당화할 수 있다. 지난 다른 시대의 비평의 관점에서 절제되고, 대체되고, 첨가되며 완벽해졌을 것이기 때문이다. 워즈워스의 「불멸에 바치는 송가」는 위대한 시이지만, 완벽한 시는 아니다. 다듬으면 더 좋아질 수 있다.

    번역의 유일한 재미는 그 번역이 매우 어려울 때 발견된다. 매우 다른 언어로 번역할 때나, 아주 복잡한 시를 아주 비슷한 언어로 번역할 때 말이다. 스페인어에서 포르투갈어로의 번역은 보람이 없다. 둘 중 하나의 언어를 구사하는 사람은 자동적으로 다른 언어도 읽을 줄 알게 되므로, 번역이랄게 달리 필요 없다. 그러나 셰익스피어를 로망어 계열로 번역하는 일은 매우 흥미진진할 것이다. 프랑스어로는 번역이 가능할지 모르겠다. 이탈리아어나 스페인어로 번역하기는 매우 까다로울 것이다. 포르투갈어는 로망어 계열 중에서도 가장 탄력적이고 복합적인 언어이기 때문에 아마도 번역에 적합할 것이다.

연도 미상

보이지 않는 번역가

　문학의 가장 큰 미덕은 음악이 아니라는 것이며, 이것은 동시에 문학의 가장 큰 약점이다. 문학은 하나의 언어로 표현되고 조직되어야만 한다. 게다가, 아무리 많이 사용되고 널리 알려진 언어라고 할지라도, 모든 인류가 무조건적으로 쓰는 것은 아니다. 이 지점은 다른 어떤 예술 장르와 비교했을 때 가장 명백하게 드러나는 한계이며, 문학이 보편적 예술이 될 수 없는 이유이기도 하다.

　때문에 어떻게 보편적으로 유명한 문학이 있을 수 있는지 질문하지 않을 수 없다. 비록 그 수는 적을지라도, 꽤 상당수가 있다. 어떻게 이들은 장소를 초월할 뿐만 아니라 시공간을 초월하여 유명해질 수 있었나. 특히 가장 고귀한 문학 장르라고 할 수 있는 시라는 분야에서, 번역이 되었다 하더라도, 그 어떤 번역도 진정하고 완전한 작품의 생명력을 전달할 수 없었을 텐데 말이다.

　그것은 우리 대다수가 거짓말을 하거나 위조를 하기 때문은 아니다. 그리스어의 문외한이라서 호메로스의 열정적인 시는 어려워하고, 라틴어의 친척 정도 된다고 호라티우스나 카툴루스*를 숭배하는 것이 아니다. 거짓말을 하는 것도, 위조를 하는 것도 아니다. 우리는 직감한다. 이 직감이란, 뭔지 모를 본능의 혼합물이자, 모호한 제안과 이해로서, 보이지 않는 번역가의 일종이다. 이것은 시대의 외부에 존재하며, 음악과 같이 보편적인 존재로, 인간을 추락시키며 무너진 바벨탑의 유산이라 할 수 있는 언어로 된 예술작품에 동행한다.

인간이 사용하는 언어 중 가장 고상한 언어는, 그것이 의도했든 아니든, 상징 언어이다. 상징 언어를 해석하는 비밀 열쇠인 뛰어난 지성은 사실 상징 언어를 지극히 일부만 이해할 수 있으며, 오히려 본능과 천성적 직관으로 접근할 때 더 많은 이해가 가능하다. 문학작품을 지성으로 해석하려 하는 것은 자신이 구사하는 언어의 성질에 대한 이해를 바탕으로 하지만, 본능과 직관을 사용하는 이들은 언어를 이해하는 것이 아니라 작품을 이해하려고 한다.

그러나 한 가지가 더 있다. 더 이상한 방식이다. 직관을 이용해 우리가 전혀 알지 못하는 시 작품의 삶과 영혼을 이해하는 것이다. 산문으로 설명된 번역 하나 없이 말이다. 그러나 우리 대부분은 처음 읽어보는 작품을 대할 때 아주 이성적이고 정확하게 작품의 삶과 영혼을 이해하려고 한다. 수많은 책들의 기억을 더듬어가며, 모호하고 우연적인 암시들을 파헤치며, 심지어 외국어로 쓰인, 한 번도 읽어본 적 없고 번역도 되지 않은 책들을 읽으며 말이다. 이때 보이지 않는 번역가가 보이지 않게 움직인다. 이미 우리는 모든 것을 직관하고 짐작한다. 마치 배워보지 않은 모든 언어를 잘 아는 듯, 이 세

---

* Catullus. 고대 로마의 서정시인.

상 모든 문학작품들을 읽어본 듯, 아주 발달된 정신 활동 기관을 가진 듯 말이다.

결국 문학작품이란 정신의 한 상태를 혹은 인간의 영혼을 언어로 표현한 것이 아닌가? 그 작품이란 작품을 쓴 영혼, 또는 그 작품에 투영된 우발적인 작은 영혼, 그 영혼의 순간에 대한 살아 있는 상징이다. 왜 영혼은 다른 영혼과 몰래 대화하고 단어 없이도 서로를 이해하지 않을까. 그랬더라면 우리는 보이지 않게 몸이 표현하는 것을 알아차리고, 그 눈에 보이는 그림자로 추측하고, 그것이 상징하는 바를 눈으로 보지 않아도 알 수 있었을 것이다.

누가 알까, 아직 태어나지 않은 상태에서, 현재에 속한 언어의 육체를 통해서가 아니라 정신적으로 작품을 대면하지 않고도, 오직 작품이 말하는 것만을 듣고 작품의 진정한 본질과 삶 속에서 작품이 다루고 있는 것을 알게 된다는 것을. 따라서 오독하게 되고, 심지어는 읽지도 않더라도, 이해하지는 못해도, 직관적인, 깊고 은밀한 기억을 불러일으킨다는 것을.

누가 알까, 아직 태어나지 않은 상태에서, 시간과 장소로부터 자유로운 채 우리가 모든 것을 보지는 못했다 하더라도, 과거의 여기 지금이든, 미래의 여기 지금이든, 영원의 형태로 존재한다는 것을. 우리의 내면의 이 기억을 불러일으킬 수 있다면, 비록 우리는 보이지 않는 우리의 번역가, 세계의 무심한 미래에 태어날 작품들의 무의식적인 주인이 될 수도 있다는 것을.

그러므로 영어도 모르면서 사람들이 셰익스피어에 대해 이야기한다고 웃지 않는다. 사실 나는 원래 잘 안 웃는다. 셰익스피어를 예로 든 것은 그가 마치 언어와 결혼한 좋은 남편처럼 언어의 가능성과 특징을 가장 잘 살리기 위해 언어를 속이는 방식과 형식을 사용한 작가이기 때문이다. 나는 웃지 않는다. 누가 알까, 전생에서도 여기 있었던 셰익스피어를 만나지 않았고 여기서 말하고 있던 셰익스피어와 말해보지 않고서 내게 말을 걸었던 것은 셰익스피어도, 나도 알지 못한, 우리가 못 본 체한 위대한 친구와도 같은 보이지 않는 번역가일 수도 있다는 것을.

연도 미상

우화

언젠가 아직 발견되지 않은 우화집에서 이런 이야기를 읽게 될 것이다.

어느 먼 나라의 여왕이 바느질 솜씨가 좋은 여인에게 자수를 주문했는데, 비단이나 새틴 위에 잎사귀에 싸인 하얀 장미 꽃잎을 수놓아 달라는 것이었다. 매우 젊은 이 여인은 완벽한 흰 장미를 찾아 그것과 비슷하게 수를 놓으려고 방방곡곡을 뒤졌다. 그러나 생각했던 것과 달리 실제 찾은 장미는 생각보다 덜 아름다웠고, 찾은 것도 하얀색이 아닌 다른 색깔 장미일 뿐이었다. 비단 위에 수놓을 장미를 찾아 헤매며 울면서 시간을 보낸 지 수일이 지났다. 그러다가 자신이 사는 그 먼 나라에서는 사형이 결코 집행되지 않는다는 것을 그녀도 이 이야기와 같은 우화의 법칙을 통해 잘 알고 있었기 때문에, 흰 장미를 수놓지 않는다고 해서 자신을 죽이지는 못할 거라고 생각하기에 이르렀다.

달리 더 나은 방법이 없으므로, 여왕이 요구했던 흰 장미에 대한 기억에 의존해 수를 놓았다. 자수를 다 하고 나니 정말 장미 덩굴에 피어 있는 하얀 장미와 견줄 만했다. 세상의 모든 흰 장미들은 여인이 수놓은 장미와 똑같이 닮아 있었고,

수놓은 장미 하나하나가 진짜 장미와 같았다.

여인이 왕궁으로 자수를 가져갔고, 아마도 왕자와 결혼했을 것이다.

이 우화집이 전파되면서 우화 속의 도덕적인 교훈도 같이 전승되지는 않았다. 황금시대에는 우화 속에 그 어떤 교훈도 없었기 때문이다.

1915. 4. 4.

보이지 않는 우화

"네", 금발의 남자가 말했다, "제가 만난 사람 중에 최고의 여자였어요."

나는 가만히 있었다. 주변도 조용했다. 전해주지 않은, 전해줄 수가 없는, 선물과 같은 의견이 있다. (마치 정직한 여자들 같은 것 말이다.)

"피부가 구릿빛이던가요?" 침묵의 효과가 다 소진되었기 때문에, 그리고 내가 심리학자이기 때문에, 끝내 질문을 하고 말았다.

"아니요, 내 부인이었어요." 금발인 남자가 대답했다.

"그렇군요. 감사합니다." 내가 대답했다.

그러고는 침묵 속에서 담배를 마저 피웠다. 우리 둘 다 삶에 만족해하며.

(이것은 하나의 우화요. 그러나 금발인 남자는 자리를 뜨면서 교훈도 가져가버렸소. 그를 만난다면, 그리고 그가 나에게 그 교훈을 다시 들려준다면, 그대들에게 그 교훈을 말해드리리다.)

1932

어린 국가를 위한 우화: 나는 선생

어느 오후, 넥타이나 하나 살까 하는 생각으로 옷가게에 들어갔다. 응대하는 손님이 없던 점원 한 명이 반갑게 나에게 인사했다. 오래전부터 알고 지낸 자였다. "안녕하십니까, 선생님."

"나는 선생이 아니에요." 내가 말했다. 그게 사실이었으니까. "왜 나더러 선생이라고 부르는 거요?"

"아, 정말 그러신 줄로 알고…" 점원이 단정하게 대답했다.

넥타이를 보여 달라고 부탁하고, 마음에 드는 것 하나를 골라 계산했다. 그때 또 다른 점원이 동료 옆으로 다가왔다. 역시나 나와 오래 알고 지낸 이였다.

"안녕히 계세요." 두 점원에게 내가 말했다.

두 점원은 상냥하게 고개 숙여 인사했다. 꼭 한 사람같이 동시에 말했다.

"안녕히 가십시오, 선생님. 감사합니다."

교훈
: 누군가 우리를 선생으로 대접해주면, 우리는 선생이 되어야 한다. 사회 속에서 살다 보면 우리는 타인이 판단하는

무언가가 되기도 하고, 우리 자신인 척하지 않을 때도 있다. 우리 모두의 사회적 성격 혹은 유명인들의 역사적 성격은, 사실 자신의 것이 조금도 포함되지 않기도 한다. 정치인들은 이 핵심 열쇠를 알고 세상을 통치하는 데 활용할 줄 아는 이들이다. 그러나 그들에게 문이 부족할지 모른다. 그렇다고 해도 그것 또한 운명이다.

1932. 01. 31.

삶의 법칙

1. 자신감은 최소한으로 가져라. 아예 갖지 않는 편이 낫지만, 가진다면 가짜 자신감이나 흐릿한 자신감을 가져라.
2. 꿈은 최소한으로 꾸되, 그 꿈의 직접적 목적이 시나 문학적 생산이라면 예외로 두어라. 공부하고 일하라.
3. 가능하면 술 취하지 말라. 술 취하지 않은 정신으로 술 취하지 않은 몸을 예측할 수 있게 하라.
4. 동의할 수 있는 것에만 동의하라. 단지 마음을 열거나 정신의 내면세계와 관련된 문제에 대해서 자유롭게 토론한다는 명목으로 동의하지 말아라.
5. 집중력을 기르고, 의지를 단련하며, 최대한 내밀한 형태로 생각하여, 너 자신을 힘 그 자체로 만들어라. 너는 정말이지 하나의 힘이기 때문이다.
6. 네 친구가 얼마나 적은지 세어보아라. 적은 수의 사람만이 누군가의 친구가 되기에 적합하다.
7. 네 침묵 속에 있는 것으로 매력을 발산하라.
8. 작은 것, 사소한 것을 재빨리 시행하는 법을 익혀라. 길 위에서, 집 안에서, 직장에서, 너로 인해 지체되는 일이 없도록.

9. 너의 삶을 하나의 문학작품처럼 정돈하여라. 최대한 일관성을 유지하도록 하여라.
10. 살인자를 살인하라.

1916

글로 된 예술작품

　글로 쓰인 예술작품은, 꽤 장황하기에, 얼마나 시각적으로 불완전한지, 또 전체와 부분을 아우르는 거장의 독찰이 얼마나 성기고 조악한지를 생각할 때마다 권태를 느끼는데, 이는 나는 그렇게 쓸 수 없었는데 다른 이들은 그랬다는 데에서 오는 권태가 아니라, 내가 쓰지 않았던 것과 남들이 쓴 것이 동일한 결과라는 데에서 오는 메스꺼움이다.
　네 개의 행으로 구성된 완벽한 시가 있다면, 왜 400개 행의 시는 없는가? 시인의 의지는 연약하고 그의 상상력은 초라하기 때문이다. 그 상상력과 의지는 밀턴의 『리시다스Lycidas』가 나타날 때까지, 길고 긴 형벌 속에 잠들어 있다.

　꿈꾸는 것은 행동하는 이들을 싫어한다, 그러나 행동하는 이들이야말로 실수하는 이들이다. 행동하지 않는다면 실수도 없다. 완성되지 않은 건축물들은 폐허로 끝날 일도 없다.
　그 외의 사람들은, 나처럼, 작품이 만들어지길 꿈꾼다, 그리고 그것을 꿈꿀 때 완벽해지기를 꿈꾼다. 누군가는 이미 실행했다. 다른 누군가는, 나처럼, 실행하지 않았다. 그러나 하고 안 하고의 결과는 같았다. 왜냐하면 두 부류 모두 뛰어난 예술성의 측면에서 똑같이 불완전함을 보였기 때문이다. 행동할 때 어설프게 행동했고, 행동하지 않을 때 마치 존재하지 않는 것처럼 행동하지 않으며 멈춰 있었다. […]

연도 미상

『오르페우』*는 무엇을 추구하는가?

　이 시대와 이 공간에 범세계주의 예술을 만들어내는 것이다. 우리가 사는 시대는 모든 나라가 그 어느 때보다 더 물질적이며, 역대 가장 지적인 시대로, 모든 각각의 국가에 전체가 존재한다. 아시아, 아메리카, 아프리카, 오세아니아는 유럽이며, 유럽 속에 그 모든 대륙이 존재한다. 그 어떤 유럽의 부두에서도(여기 포르투갈의 알칸타라Alcântara 부두도 마찬가지다) 전 세계의 축소판을 만날 수 있다. 그리고 이를 '미국스럽다'라고 하지 않고 '유럽적이다'라고 말하는 것은, 미국이 아닌 유럽이 이러한 유형의 문명의 기원이며, 전 세계에 이러한 유형과 방향성의 문명을 전파했기 때문이다. 때문에 진정한 현대예술은 최대한 탈국가적이어야 한다. 예술 안에 세상의 모든 지역을 축약시켜야 한다. 그럴 때에 전형적으로 '현대적이다'라고 할 수 있다. 우리의 예술이 아시아의 신비주의와 병약함, 아프리카의 원시주의, 아메리카의 사해동포

---

*　『오르페우(Orpheu)』는 1915년 페소아가 그의 동료 작가 및 화가들과 만든 문예지로, 총 두 권을 내고 재정 문제로 폐간되었다. 하지만 함께 참여했던 당대 예술가들은 '오르페우 세대(geração d'Orpheu)'라고 불리며 포르투갈 모더니즘에 기여하였다.

주의, 오세아니아의 이국주의 그리고 유럽의 데카당스적 기계주의가 서로 뒷받침되고, 만나고, 상호교차하는 장이 될 수 있다면. 그리하여 이 동시적인 혼합이 예술 중의 예술, 동시적이고 복합적인 영감을 창출할 것이다….

그다음으로 이전 시대가 지나고 오는 20세기를 분명하게 증명해줄 예술을 추구한다. 우리가 추구하는 예술은 지난 여러 시대가 창작을 위해 쏟은 그 노력을 하나도 놓치지 않는 것이다. 이집트 문학의 은밀한 종교적 의식과 고대 인도의 초월적 신비주의, 헬라스Hellas의 조화롭고 구조적인 힘, 페트로니우스*가 말한 것처럼 호라티우스만의 전유물이 아니라, 절대적으로 르네상스의 것이기도 하며, 전형적으로 르네상스가 낭만주의에게 물려준 이기주의, 시각적 범신론 등에서 비롯된 '적절한 표현 선택',** 상징주의, 데카당스주의, 그리고 월트 휘트먼의 성정이 그 기원이 되는 여러 문예사조들(큐비즘, 미래주의 등)의 가장 작고 협소한, 그러나 가장 권위 있는 기여점들까지.

감각주의sensacionismo는 이 정신적 연금술의 대표작이자 위대한 종합의 결과이다. 이 단어는 어떤 학파를 지칭하는 것이 아니라 새로운 정의이며, 예로 낭만주의라는 단어와 견줄 만한 가치를 가지며, 협소하고 닫힌 학파나 흐름의 특정 운동을 나타내는 상징주의나 미래주의, 큐비즘 등의 단어와는 비

---

*   Petronius. 고대 로마의 작가.
** curiosa felicitas. 페트로니우스가 호라티우스를 평가하며 한 말로, 작가가 적절하게 단어를 선택하는 능력을 말한다.

교될 수 없다.

1915?

아테나*

.

　우리가 문화라고 부르는 것에는 두 가지 형태, 혹은 양태가 있다. 문화가 삶을 주관적으로 완성시키지 않는다면 문화가 아니다. 이때 완성의 방식은 직접적일 수도 있고 간접적일 수도 있다. 전자의 방식이 예술이라면, 후자는 과학이다. 예술을 통해 우리는 우리 스스로를 완성시키는 한편, 과학을 통해서 우리는 세상 속의 우리의 관념 또는 환상을 완성시킨다.

　그러나 세상 속의 우리의 관념이 우리 자신에 대한 관념을 포함하고, 또 한편으로는 우리 자신에 대한 관념 속에 우리가 세상을 인식하는 방식인 감각들이 만들어낸 것을 포함하고 있기 때문에, 관념이란 주관을 토대 삼아 발생되고, 따라서 우리 안에서 가장 큰 완성도를 갖출 때 (동일한 토대에 최대한 부합하지 않는다고 볼 수 없는 형태의 완성도로) 예술은 과학과 뒤섞이고 과학은 예술과 서로 혼합된다.

　이러한 성실함과 연구 정신을 바탕으로 자신의 예술작품에 쓸 재료를 잘 다루는 뛰어난 예술가들은 자기가 상상했던 것보다 더 지혜로워 보이고, 자신 상상력의 열렬한 제자가

---

*　Athena. 페소아가 발간한 문학잡지. 아테나 여신의 이름을 따 만들었다. 이 글은 1924년 발간한 『아테나』 1호에 실린 글이다.

된다. 위대한 학자들의 격언이나 숭고한 작품의 논리적 번뜩임처럼 그들의 작품은 부족함이 없다. 그 작품들의 교훈을 통해 "아름다움이란 진리의 광채이다"라는 말이 생기기도 했는데, 이 말은 전형적인 오류로, 플라톤으로부터 비롯되었다. 우리가 재현할 수 있는 가장 완벽한 행위를 통해 (특히 우리가 신에게 바친다고 생각하는 행위들) 무의식적으로 문화의 두 가지 형태를 결합시키는데, 즉, 단 하나의 행위만으로 예술가처럼 창작하는 동시에, 학자처럼 생각하는 것이다. 그렇게 창작한 것은 여느 창작품 같지 않고 마치 진리처럼 온전히 창조되며, 그렇게 알게 된 것은 발견한 것이 아니라 창조해낸 것이기 때문에 역시나 온전히 이해된다.

*

영혼이 두 부분으로 나뉘어, 하나는 물리적이고 다른 하나는 영적 기능을 한다고 모두가 합의한다면. 그 어떤 오늘날의 문명체나 문명인이라도 자신이 태어난 국가를 첫째로 삼고 고대 그리스를 둘째 국가로 받아들인다면. 섬너 메인*은 이렇게 말했다. "자연의 의도 없는 힘을 제외하면, 이 세상에서 모든 움직임은 그 기원이 그리스이다."

이 그리스인들은 다 허물어진 그리스 무덤으로도 여전히 우리를 지배하며, 예술창작에 있어 두 신의 형상을 만들어내

---

*   H. J. Sumner Maine. 영국의 법학자, 역사가.

어 우리가 부족함이나 불완전한 것들을 창작하지 않도록 했다. 먼저 아폴론 신을 만들어 예술이 아름다움에 그 기원을 두도록 하는 이해와 감각을 본능적으로 연결하는 것을 형상화했다. 그리고 아테나 여신을 만들어 예술과 과학의 연합으로, 이 연합을 통해 예술(또는 과학)이 완벽함에 기원을 두고 있음을 형상화했다. 아폴로 신과의 만남이 있어야 시인이 탄생하며, 다른 모든 예술의 영감을 주는 시작점인 시를 이해하게 된다. 또한 아테나 여신의 도움이 있어야 예술가가 만들어진다.

이 상징들의 원칙과 질료를 통해 그리스인들은 모든 것의 기원을 신성하다고 보았다는 것을 알 수 있다. 즉 우리가 이해하기에는 기이하며 우리의 의지와는 사뭇 다르다는 것이다. 인간이란 신들이 만든 존재에 불과하며, 잠을 잘 때 꿈을 꾸면서 실제로는 가지지 못한 자유를 가졌다고 자부한다. 시인이 만들어지는 것이 아니라 '탄생하는 것이다'라는 말은, 대부분의 예술가에게도 적용된다. 예술가가 되는 법은 배우는 것이 아니다. 단지 스스로가 시인임을 알아가는 법을 배울 뿐이다. 그러나 또 어떤 면에서는 태어날 때부터 위대한 시인일수록, 타고난 재능보다 더 뛰어난 잠재력을 가진다. 모든 예술가들은 아폴론 신이 추구하는 바를 가졌으며, 아테나 여신이 추구하는 바를 가질 것이다. 우리가 갖고 태어난 것과 앞으로 가지게 될 것은 이미 우리에게 주어져 있다. 이 모든 것이 딱딱 들어맞는다. 플라톤의 말처럼 말이다. "신은 매우 정확하다."

　감성으로부터, 남들과 구분되는 독특한 감성의 개성으로부터 예술이 탄생한다. 아무도 말하지 않는 비밀, 우연히 이야깃거리가 된 참깨, 우리 안에 있는 희미한 마법의 메아리 등 영감이라 부르는 것을 통해서 말이다. 그러나 감성 그 자체만으로는 예술이 탄생할 수 없다. 욕망이 의도의 조건인 것처럼, 감성은 예술의 조건일 뿐이다. 감성이 관장하는 영역과 이해가 거부하는 영역을 한데 모을 필요가 있다. 이렇게 균형이 잡힌다. 균형이란 삶의 토대이다. 예술은 주관적 감정과 객관적 이해 간의 균형을 표현하는 것이다. 감정과 이해, 주관과 객관처럼 서로 개입하고 서로 얽히고 서로 균형을 유지하게 된다.

　예술이 탄생하기 위해서는 개인이 존재해야 한다. 죽지 않고 삶에 생경하게 존재해야 한다. 개인성으로부터가 아니라, 개인 그 자체로부터 예술이 탄생한다. 타고난 예술가의 주관적이고 개인적인 감성은, 동시에 객관적이고 비개인적인 것이기도 하다. 어디든 감성이 있는 곳에는, 본능과 마찬가지로 이해도 함께 있다. 영혼의 두 요소는 단순히 결합되는 것이 아니라 융합된다.

　감성은 대개 행위로 향하고 이해는 명상으로 향한다. 이 두 요소로 만들어진 예술은 활동적인 명상이자, 멈춘 활동이다. 이 융합의 기원은 복합적이지만, 결과는 단순하다. 그리스인들이 형상화한 아폴론의 경우 그 활동이 멜로디, 음악이다. 중요한 것은 두 요소들이 단순히 하나가 된다고 예술이 되는 것이 아니라 균형을 맞춰야 예술이 된다는 것이다.

감성적인 것과 인간적인 것이 부족한 예술은 진리가 없는 수학에 불과하다. 인간이 아무리 많이 배워도, 자기 자신이 아닌 것은 결코 배우지 않는다. 예술가가 아니라면 앞으로도 아닐 것이고, 시라는 흉내 내는 예술에 대해 스칼리거*가 에라스뮈스**에 대해 한 말처럼 "다른 이의 창의력을 사용하는 자는 시인이지만, 자기 자신의 창의력을 사용하는 자는 엉터리 시인"이라고 말하게 될 것이다.

한편, 이해와 객관성이 부족하면 천재성보다는 그 바탕의 광기가 눈에 띄고, 재능보다는 그 본질을 이루는 괴짜스러움이 더 부각되고, 독창성보다는 그 근간이 되는 특이함만이 보일 것이다. 개인이 개인성을 죽이는 것이다.

*

예술 속에서 우리는 직접적인 완벽함을 찾고자 한다. 완벽함이란 순간적으로 발견되기도 하고, 지속적으로 발견되기도 하며, 영원히 찾아볼 수 있다. 우리의 천성과 주변 환경들이 그 종류와 강도를 (종류와 강도는 같은 의미기도 하다) 결정한다.

일시적인 완성은 망각 없이는 존재하지 않는다. 우리 안의 어쩔 수 없이 나쁜 모습들, 일시적으로 완벽해지려는 모습

---

*   J. C. Scaliger. 이탈리아의 학자, 의사.
**   D. Erasmus. 네덜란드 태생 인문주의자, 성직자.

들, 이런 것들은, 우리가 우리 자신의 불완전함을 잊어버리지 않고서는 불가능한 일이다. 춤, 노래, 재현과 같은 하급 예술은 천성적으로 이러한 망각을 강화시킨다. 이런 예술의 목적은 사람들의 주목을 끌고 유흥거리가 되는 것이며, 이 목적을 넘어설 때 예술은 자기 자신 그 자체를 넘어서게 된다.

지속적인 완성은, 말하자면, 자신을 끊임없이 자극하지 않고서는 완성될 수 없다. 이 자극이란 늘 외부로부터 오는 것이다. 더 강한 자극일수록 더 먼 외부에서 온다. 더욱 먼 외부에서 온 자극일수록 더욱 물리적이고 구체적이다. 그림, 조각, 건축과 같은 고급 추상 예술은 그 목적이 장식하고 미화하는 데 있다. 이 예술들은 완성의 과정에 있어서는 지속적이며, 그 자극에 있어서는 영구적이기 때문에 고급이라 할 수 있다. 무엇보다도 이런 종류의 예술은 구체적인 다른 모든 것과 마찬가지로 추상적인 것의 움직임도 용인하며, 목표하는 것을 이탈하지 않고 자기 자신을 넘어설 것이다.

영속적인 완성은 인간에게 이미 주어진 영속성과 완성도 없이는 실현 불가능하다. 영혼 안의 이 요소들을 활용하고 깨우면서 인간은 점점 더 자기 자신과 합일될 것이며, 점점 더 완성된 삶을 살아가게 될 것이다. 추상성이야말로 뇌의 발전의 궁극적 효과이자, 운명이 우리 안에서 스스로 만들어낸 궁극적 계시이다. 게다가 추상성이란 본질적으로 영구적이다. 이성이라고 부르는 것을 통해 추상성은 조직되며, 감성처럼 인간을 수발들며 사는 것도 아니고, 이해처럼 피상적으로만 상황을 고찰하는 것도 아니다. 영원의 형태로 무심하고도 심오하게 살며 생각한다. 때문에, 추상의 형태로, 또는 추상의 형태를 통해 인간은 영속적인 완성을 이뤄내야 한다. 이러한 완성을 천성적으로 할 수 있는 형태의 예술은 고급 추상 예술로, 음악과 문학, 철학까지도 해당한다. 이러한 예술은 불가능한 세계를 파악하는 정신의 활용 그 이상으로, 과학의 영역과 어깨를 나란히 하기도 한다.

그러나, 이렇듯 어떤 고급 예술도 언제든 시시한 수준으로 강등될 수 있으며, 또한 하급 구체 예술도, 그 천성에 맞는 목표가 주어지면, 특정한 방식으로, 고급 예술의 경지에 다다를 수 있다. 어떤 예술이든, 그 본래 자리가 어떠하든, 더 위대한 예술의 추상화를 지향해야 한다.

모든 예술에는 세 가지 추상적인 요소가 내재되어 있으며, 한 예술 안에서 특히 더 도드라질 수도 있다. 모든 부분들의 전체적인 논리를 갖추는 것, 예술이 말하고자 하는 주제를 객관적으로 인식하는 것, 하나의 추상적 생각을 예술로 승화시키는 것. 어떤 예술이든, 그 예술의 수준이 어떠하든, 이 세 요소를 확인할 수 있으며, 추상적 예술, 그중에서도 특히 문학에서는, 이 모든 요소들이 완전하고도 전적으로 드러나 있다.

추상화라는 것은 또한 과학의 가장 고귀한 형태이다. 수학적이며, 추상적이며, 점점 발전하며 완성되어 간다. 따라서 예술과 과학의 추상화 단계에서는, 두 분야가 서로를 일으켜 세우고 각자가 추구하는 길의 정점에서 서로 결합한다. 이것이야말로 화합을 실현하는 『아테나』의 제국이다.

그러나 모든 과학이 수학적인 경향을 갖듯이, 구체적인 추상화를 지향하며, 현실에 적용 가능하기를 지향하며, 물리적 움직임 속에서 판별 가능하기를 지향한다. 이렇듯 모든 예술은, 더 고급 예술일수록, 이해와 감성에 분리될 수 없다. 이 둘의 융합에서 독창성이 만들어진다. 상반된 요소의 균형과 화합이 없는 곳에서는 과학도, 예술도 있을 수 없다. 그곳에는 삶이 없기 때문이다. 아폴론이 주관과 객관의 균형을 의미한다면, 아테나 여신은 추상과 구체의 화합을 의미한다. 고귀한 예술은 감정과 이해의 세세한 요소들 사이의 화합의 결과이다. 감정과 이해란 인간과 시간, 이성의 보편성에 속하며, 모든 인간과 모든 시간에 속하기 위해서는 동시에 그 누구에게도, 그 어떤 시간에도 속하지 않으려 한다. 이렇게 만들어진 산물은 구체적인 생명력과 추상적인 구조를 갖게 될 것이다. 아리스토텔레스는 이를 미학적으로 정리하며 다음과 같은 말을 하기도 했다. "시는 동물이다."

*

여전히 예술은 즐거움이나 기쁨을 주는 것이어야 한다는 고정관념이 존재한다. 하급 예술 형태에만 관심을 갖거나, 하급 예술에 저급한 방식으로 관심을 갖는 데서 비롯된 생각이다. 누구도 예술의 위대한 목적과 고귀한 예술이 주는 즐거움, 그리고 그 만족을 잊어서는 안 된다. 하급 예술은 즐거움을 주고, 중급 예술은 아름다움을 주며, 고급 예술은 상승시키는 목적을 갖는다. 때문에 고급 예술은 다른 두 예술과는 달리 근본적으로 슬플 수밖에 없다. 상승한다는 것은 비인간화된다는 것이다. 그리고 인간은 더 이상 스스로 인간이 아니라고 느낄 때 기쁨을 느낄 수가 없다. 위대한 예술이 인간적임에는 틀림없다. 그러나 인간은 그 어떤 예술보다도 더 인간적이다.

위대한 예술은 또 다른 방식으로 우리를 슬프게 한다. 바로 우리의 불완전함을 지속적으로 자각시키는 것이다. 우리는 완전한 척하면서 우리가 불완전하다는 사실에 저항한다. 그러나 예술 역시도 불완전하다는 사실은 우리의 불완전함을 증명하는 가장 결정적 신호이다.

때문에 예술의 인간 조상이라고 할 수 있는 그리스인들은 어리고 슬픈 사람들이었다. 그리고 예술은 미래를 살아갈 신의 슬픈 유년 시기이자, 예견된 불멸의 인간적 전이일지 모른다.

1924

아포리즘

보는 것은 언제나 아는 것에 대한 최고의 비유이다.

최고를 기대하고 최악에 대비하라: 이것이 규칙이다.

염세주의는 에너지의 근원이 될 때 유익하다.

신이란 신이 만든 최고의 농담.

모순이란 모순적이지 않을 때만 효과를 발휘한다.

나는 의심한다. 고로 생각한다.

개인으로부터 멀어져야 한다. 그것을 버리는 한이 있더라도.

다시 영감을 얻는 것, 그것 없이 번역하는 것은 그저 다른 언어로 바꾸어 말하는 것일 뿐이다.

문학예술에 대한 이명들의 관점

3장 '문학예술에 대한 이명들의 관점'은 페소아가 본명이
아닌 이명으로 남긴 문학예술에 관한 에세이들이다.

안토니우 모라

예술의 혁신

예술이란 일반적인 감정의 개인적인 해석이다. 감정의 해석이 개인적이기만 하다면 타인이 이해할 수 있는 근거가 없다. 그리고 제약도 없어진다. 인간의 개인적 감정이란 셀 수 없이 많은데, 그중에 무엇이 예술이고 무엇은 예술이 아닌지를 단정 지을 수 없다. 각각의 감정은 제 나름대로 예술을 상기시키기 때문이다.

낭만주의는, 근본적으로, 파멸의 고백이다. 낭만주의는 예술의 혁신을 시도했다기보다는, 차라리 혁신하기엔 무능했다고 보아야 한다. 고전주의 형식은 효력을 다했는가? 고전주의 형식은 그 효력을 다하지 않았다. 효력을 다한 것은 그 양식 안의 영감이다. 새로운 영감을 찾기 위해서는 규칙을 위반하는 것이 필요했다. 때문에 낭만주의를 예술적 혁신에 있어 무능력하다고 하는 것이다. 주어진 한계 내에서 진전이 불가능하므로.

예술 혁신의 유일한 방법은 우주의 개념을 다른 것으로 대체하는 것이다. 이를 위해서 굳이 예술의 고전주의적 형식을 변경할 필요는 없다. 단지 표현하고자 하는 것만 바꾸면 된다. 그러면 표현 자체도 바뀔 것이다. 낭만주의는 안으로부터 밖으로가 아니라, 밖으로부터 안으로의 예술적 개혁을 시도한다.

시에서 본질적인 것들을 살펴보면, 예술의 혁신을 위해 건드리지 않아도 되는 것들이 분명하게 보인다. 그중 하나는 구조이다. 또 다른 하나는 세계관Weltanschauung이다.

1915?

예술과 완벽

　그리스에서 과학은, 그리스 예술이 그 내적 원리의 논리를 충분히 펼칠 수 있을 정도까지는 발전하지 못했다.

　예술의 목적은 완벽하게 자연을 모방하는 것이다. 이 기초적인 원리는 자연을 모방한다는 것이 단순히 자연을 따라한다는 것이 아니라, 자연의 방식을 모방한다는 것을 의미한다. 때문에 예술작품은 '자연물'이나 '동물'의 특징을 필연적으로 가진다. 또한 자연물이 그러하듯 필연적으로 완벽하며, 과학이 발전할수록 더 잘 발견될 것이다. 표현하고자 하는 바를 더욱 정확하게 표현하고자 하면, 더욱 자연스러워진다. 모든 조직체, 혹은 완벽하다고 여겨지는 조직체는, 어딘가 결핍된 부분들로 구성되며, 그 개별 조직들은 제각각 유용하다. 완벽하다는 것은, 그리스의 데카당스주의자인 플라톤이 말한 것처럼 이데아로부터 오는 관념이 아니다. 완벽은 사물들, 물질들을 잘 관찰하는 것에서 출발한다. 자연은 그 피조물에 새겨놓은 완벽함이란 곧, 피조물의 내장과 조직과 부분과 요소들이 자신이 속한 전체를 위해 존재하며, 전체와의 관계 속에서 존재하며, 전체에 의해서만 존재한다는 것이다. 아리스토텔레스가 주장한 것처럼 예술작품이 한 마리 동물과 견줄 만하다는 것은 의심의 여지 없이 일리가 있다.

인정하기 껄끄러울 수도 있으나, 당신이 좋아하는 그 어떤 예술작품의 창작자도 자연이 지닌 완벽함을 갖지는 못한다. 그러나 예술가는 최선을 다해 가장 비슷한 것을 찾아낸다. 피그말리온과 갈라테이아의 신화는 그리스 조각가 피그말리온이 예술은 결코 생명을 갖지 못하며 예술가는 결코 진짜 생명을 창조하지는 못한다는 고통을 알고 있었음을 보여준다. 인간을 닮은 그리스 이교도의 신 개념은 플라톤이나 그 뒤에 등장한 기독교의 신 개념보다 더 열등해 보이지만 사실 더 우월하다. 신을 추상적 실체로 보는 인식은 이미 그전에 열등한 문명이나 동양 문명에서도 있었다. 고대 그리스의 다신교는 모든 존재가 예술작품과 비슷하다는 것에 대한 인정이자, 모든 존재는 동급이라는 것에 대한 인정이다. 다만 인간과 구분되는 신의 가장 큰 차이점이란 죽음을 창조할 수 있다는 것과 생명을 창조할 수 있다는 것이다. 근본적으로 두 현상 모두, 종교적인 현상들처럼, 오류와 결함을 갖고 있다. 그러나 그리스의 다신교는 유대인이나 인디언들의 가공되지 않은 유심론이나 이상주의, 초월주의, 오컬트주의에 비하면 진일보한 형태라 할 수 있다. 이는 그리스 멸망 시기에 플라톤이 탈국가적으로 재건설하고자 한 것이기도 하다. 플라톤은 그리스의 가장 큰 적들 중 하나였다. 아리스토텔레스는 그가 이룬 악을 해체할 수 없었다. 아리스토텔레스 학파는 그 스승으로부터 승계받은 유심론과 이상주의에 부패의 조짐이 있었다. 소크라테스는, 사실, 소피스트의 수장이자 국가의 적이었다. 그의 죽음은 분명 야만적이었고 정당하지 않은 방식이었다.

　　완벽의 관념이 어떻게 이상으로부터 출발할 수 있는가? 이 이상이라는 것이 영혼을 따르는 것이고, 스스로는 정의될 수 없는 것이라면 말이다. 어떻게 이상으로부터 완벽이 나온다고 볼 수 있는가? 그리스가 완벽의 관념을 추구하는 국가이기도 했지만, 동시에 물질주의적이며 우월한 것들을 가지려 공을 많이 들이는 면모가 있었다면 말이다.

1915?

단순한 것과 복잡한 것

낭만주의자들과 상징주의자들이 잘 구사하는 정리되지 않은 명료함과 복잡한 표현들, 그리고 그들의 작품 속 일반적 구조에 녹아 있는 복잡함과 그에 따른 난해함의 측면에서 살펴보면, 그들의 작품의 발전을 기꺼이 인정할 것이다. 그러나 표현과 감정에 있어서는 그것을 억제하지 않는다는 것도 알 수 있다. 연결하고, 연쇄 작용하며, 조화를 구성하며 작품을 완성시키는 힘이 부족하다는 것이다. 퇴보하지 않는 이상 진보할 수도 없다. 때문에 새로운 문학 사조가 갖는 진취적인 성격에 대해서도 합리적으로 의심하게 된다. 낭만주의 작품을 고전주의보다 한 발짝 진일보한 떨리는 첫걸음이라고 소개하는 것은, 이미 이런 표현을 쓰고 있지만, 절대적 호평이라고만은 볼 수 없다.

예술이란 단순하지 않지만 그렇다고 복잡하지도 않다. 예술작품의 특성은 완벽함이며, 이 완벽은 반드시 단순함인 것도 아니고, 복잡함인 것도 아니다. 어떠한 것이 완벽할 때, 그것은 하나도 부족함이 없다는 뜻이며, 혹은 인간의 관점에서 상대주의를 적용했을 때, 하나의 부족함도 없어 보이는 것을 의미한다. 완벽에 대한 이와 같은 정의는, 논쟁의 여지 없이, 완벽이라는 것이 단순함이나 복잡함과는 조금도 관련이 없다는 것을 보여준다. 어떤 면에서 단순함은 단지 단순하다는 이유만으로 완벽함과 비슷한 것으로 보이기도 한다. 누군가에게는 복잡한 것들이 단지 복잡하다는 이유로 완벽한 것이라고 느껴지기도 한다. 그러나 그 어느 것도 사물에 대한 올바른 시각은 아니다. 단순한 것은 가능한 한 적게 포함하는 것이기 때문에, 추구하는 완벽함과 멀어지기가 쉽지 않다. 복잡한 것은 많은 것들을 포함하기 때문에 무언가를 결핍하기가 쉽지 않다. 한 가지 확실한 것은, 누군가는 단순함을 추구하고 누군가는 복잡함을 추구하는데, 그 누구도 완벽함을 추구하지는 않았다는 것이다.

사실 이 두 가지 추구 방향은 두 얼굴의 영혼을 갖고 있는데, 한쪽은 단순함, 다른 한쪽은 복잡함이라는 서로 다른 모양을 하고 있다. 영혼의 한 면모이기도 하고 혹은 마음의 단순한 어떤 상태라고도 볼 수 있는 객관적이고 신중한 영혼은 자연스럽게 단순함을 추구한다. 주관적이고 주의가 산만한 영혼은, 그 원인이 생각이 많아서이든, 훈련이 부족해서이든, 자연스럽게 복잡한 표현을 추구하게 된다. 두 영혼의 모습 모두 자신의 경향만을 지나치게 충실하게 따르려 지나치게 노력하는 것이 문제이며, 예술이 진정으로 요구하는 것에는 관심을 덜 기울인다.

그렇다면 과연 완벽함이라 부르는 것의 특징은 무엇인가? 예술이 우리 감정의 표현이므로, 예술의 완벽함이란 그 감정의 표현에 있어 **감정의 모든 것을 포함하면서도 그 나머지는 표현하지 않는 것이다**. 낭만주의의 주요 결함은 감정 그 자체보다 더 지나치게 표현한다는 것이다. 감정이 실제로 갖고 있는 것보다, 자주 감정의 주체가 기억하거나 감정에 대해 생각하는 바를 표현하고자 한다. 상징주의자에게서는 이러한 문제가 더 심각하게 나타나 안쓰러울 지경이다.

    어떤 예술 과정들은 이러한 오류 속에서 만들어지므로 좋지 않다. 운율은 영혼으로 하여금 멀리 떨어진 감정적 주제를 맞닥뜨리게 하고 글로 구현하게 한다. 그 주제들은 아름다울 수도 있지만, 다른 아름다운 것과 함께 배치했을 때 아름답지 않을 수도 있다. 예를 들어 그리스 신전 속 야만인들의 의식이 가톨릭 행렬과 나란히 있을 때는 아름답지 않다. 반대로 대성당의 고즈넉함과 처연함은 사티로스*와 님프의 아름다움과는 다른 종류의 것이다.

                                                             연도 미상

---

*   그리스 신화에 나오는 괴물.

다수성의 증명

현실을 증명한 이후엔, 다수성의 증명이 남아 있다.

다수성이란 우리 각자의 의식을 대변하는 단일성에 모순되는 개념이라는 것을 증명하는 것.

그러나 단일성이란 우리가 직접 겪는 것이 아니라 다중적으로 인지하는 것으로, 그 자신의 사후 의식이며, 나름대로 시각적으로 다중적인 현실을 단순히 추려낸 것이다.

그러나 자기 안의 의식이 자기 안의 현실에 반대될 때(앞에서 살펴본 것처럼), 자기 안의 현실이 보편적 존재에 반대된다. 그러므로 자기 안의 의식=보편적 존재가 되어야 한다.

이것은 무엇을 의미하는가? '보편적 존재'란 자기 안의 존재(이것은 나중에 다수성과 같은 것으로 증명된다)에 반대되며, 곧 자기 안의 존재=비존재가 된다. 따라서, 의식=비존재이다.

좋다. 그러나 이 비존재를 마주하는 두 가지 방식에 대해 말하고 싶은 것은 무엇인가? 그것은 즉 의식은 개인 안에서 나타나는 것이고, 이것은 곧 다수성으로 가는 과도기에 있으며, 다수성의 주요 요소이기도 하다는 것이다.

1917?

알베르투 카에이루

산문과 운문에 대하여

언젠가 그가 이렇게 말했다.

"산문만이 윤문할 수 있다. 운문은 결코 수정하지 않는다. 산문은 인위적이다. 운문은 자연적이다. 우리는 산문으로 말하지 않는다. 운문으로 말한다. 다만 운율도 리듬도 없는 운문으로 말할 뿐이다. 산문으로 된 글을 읽을 때는 그렇게 할 수 없지만, 대화를 하면서는 중간중간 공백을 두고 말한다. 그렇다. 우리는 자연스러운 운문으로 말한다. 운율도 리듬도 없는 운문으로, 우리의 호흡과 감정 사이에 공백을 두고 말한다.

나의 운문은 이러한 방식으로 쓰여지기 때문에 자연스럽다…

운율과 리듬이 살아 있는 운문은 불손하며 거짓되다."

연도 미상

카에이루와의 인터뷰[*]

―선생님은 물질주의자이신가요?
―저는 물질주의자도, 이신론[**]자도, 그 어떤 것도 아닙니다. 저는 단지, 어느 날 아침 창문을 열고, 아주 중요한 사실을 발견한 인간입니다. 바로 자연이 존재한다는 사실 말입니다. 나무와 강과 돌들을 보고 정말로 이것들이 존재한다는 것을 알게 되었지요. 그 누구도 이와 같은 생각을 하지 못했습니다.

나는 세상에서 가장 위대한 시인보다 더 위대해지고 싶은 생각은 없습니다. 나는 아주 가치 있는 발견을 했고, 그 외에 다른 모든 발견들은 세상을 모르는 어린아이들의 오락거리에 불과합니다. 나는 우주를 이해한 것입니다. 그리스인들이 가장 지혜롭게 관찰한 자들이라 해도 이것을 알아내지는 못했습니다.

1914

---

[*] 페소아의 이명 알렉산더 서치(Alexander Search)의 가상 인터뷰.
[**] 이신론(理神論)은 18세기 계몽주의 시대에 기독교를 이성과 합리로 이해하고자 한 종교관이다.

히카르두 헤이스

형이상학적 시

　형이상학적 시는 거짓되다. 형이상학이 진실되고, 시가 지적인 산물이라면, 형이상학은 어떤 모습일 수 있을까? 시는 완전히 지적인 산물만은 아니다. 이성을 통해 표현된다 하더라도, 그 기반은 감정이다. 이성은 감정을 해석하는 도구로만 봉사해야 한다. 모든 것은 감정을 갖고 사고하거나, 이성을 갖고 느끼는 것 그 이상이다. 감정으로 사고하기, 이성으로 느끼기. 그 어느 것이나 건강한 것은 아니다.

　보태자면 '형이상학적 시'란 종교적 시이다. '종교'라는 불손한 요소를 고집하기 때문이 아니라, 예술이라는 새로운 영토를 오염시키며 침략하기 때문이다.

　'암시'가 시에서 반드시 배제되어야 한다고 생각하지는 않는다. 신비란 말로 전해질 때보다 은근히 암시될 때 더 쉽게 느낄 수 있다. 그러나 오직 신비만이 암시되어야 한다.

1916?

셰익스피어보다 위대한 밀턴

① 서사시는 희곡보다도 더 쓰기 어려우며, 그렇기에 더 뛰어난 장르이다.「리어왕」이「실낙원」보다 더 위대하다고 말하는 이는 없을 것이다. 사람들이 위대하다고 말하는 것은 셰익스피어가 쓴 희곡 전체를 두고 밀턴 서사시보다 뛰어나다고 하는 것이다.

과연 그런지 살펴보자.

하위 장르의 완벽한 작품과 상위 장르의 잘 쓴 작품을 비교해보자. 사실 비교가 허용되지 않는다. 시적 창작에 있어 중요한 것은 영감과 창작력이기 때문이다. 이 말은 하위 장르에 어떤 능력이나 재능을 갖는 것이 상위 장르에서 두각을 나타내는 것과 맞먹는다고 볼 수 있다는 것인데, 이는 명백히 어불성설이다. 오히려 이것이 증명하고 있는 것은 한 장르에서의 다작이다. 또한 하위 장르일수록 그 다작을 하기가 더 쉽다는 것을 의미한다.

작가의 재능은 더 위대한 작품을 쓰는 데서 발현되는 것이지, 많은 작품을 썼다는 것과는 관계없다.

② 그러나 이렇게만 볼 수는 없다. 서사시「실낙원」은 셰익스피어의 어떤 희곡들보다도 완벽하다. 뿐만 아니라 밀턴

의 작품은 언제나 종합적으로 높은 완성도를 보인다. 셰익스피어의 작품은 그렇지 않다. 밀턴은 셰익스피어보다 더 위대한 창작자일 뿐 아니라, 더 위대한 건축가이다. 밀턴은 셰익스피어보다 완벽의 정도를 잘 유지했다는 점에서, 그리고 자신의 작품 중에서 가장 완벽한 작품에만 집중하며 오직 [_]을 출간했다는 점에서 더 뛰어난 예술가이다.

③ 밀턴의 작품은 셰익스피어의 작품보다 유명하지도 않고, 읽은 독자도 더 적으며, 재미도 덜하다. 이러한 사실은 내 말을 반증하는 것 같지만, 사실 정확하게 나의 이론을 뒷받침해준다. 문학작품이 예술적으로 완벽할수록 덜 대중적이기 마련이다. 영국 노동자가 셰익스피어의 작품을 재밌게 읽을 수는 있지만, 그것은 셰익스피어가 추구하는 바와 반대된다. 플로베르와 디킨스 중 어느 작품을 더 **재밌게 읽을 수 있을까?** 인간 중 가장 위대한 예술가는 자신의 성향과 상관없이 디킨스의 작품을 플로베르의 작품보다 더 재밌게 읽을 것이다. 우리는 자주 착한 바보의 대화를 까칠한 천재의 대화보다 훨씬 더 재밌게 듣는다. 한쪽은 메시지가 비어 있고 평이하다면, 다른 한쪽은 날카롭다.

④ 논쟁 한 가지만 더 소개하겠다. 셰익스피어의 작품은 밀턴의 작품보다 더 복잡하다. 예술적인 측면에서 더 복잡해서 읽기 어렵다는 것이 아니다. 우리는 이미 예술적 복잡함이 반드시 읽기 어려운 작품이 되는 것은 아니며 구성적 측면에서 더 어려운 것을 의미함을 보았다.

그렇다면 심리적 측면에서 더 복잡하다는 것일까? 물론이다. 그러나 심리적 측면에서 더 복잡한 것은 소설에서 특히 그렇다. 소설은 여러 세부적인 사항들의 종합[_]이기 때문이다. 외부에서나 내부에서나, 그 어느 측면에서든 심리학적 시각으로 바라보면 그렇다. 그리고 소설은 희곡보다 더 뛰어난 장르는 아니다. 희곡은 소설보다 더 쓰기 어렵다. 단지 서사시보다는 덜 어려울 뿐이다.

그렇다면 셰익스피어의 작품이 밀턴의 작품보다 심리학적인 것 외에도 더 많은 것을 포함하고 있는 것일까? 괴테의 작품도 셰익스피어의 작품보다 더 많은 것을 포함하고 있지만, 괴테가 셰익스피어보다 더 뛰어나지는 않다. 왜 그런가? 구성 때문이다. 「파우스트」는 셰익스피어의 어떤 희곡보다도 낭만주의적 관념과 신비주의적 본능, 상징주의 등을 더 많이 보여준다는 장점을 지니고 있는데도 말이다.

'대표성' 측면에서 보면 셰익스피어나 밀턴 모두 취약하다. 르네상스는 개혁에서 시작되었다. 때문에 작가가 속한 시대의 경향과 방향성, 가치 등을 더 잘 대표하려면 작가 스스로가 개혁을 대표해야 한다. 그러한 시인이 바로 밀턴이다. 밀턴은 그 누구보다도 대표성을 띠는 작가이기 때문에, 자연스럽게 위대하다고 칭송받는 것이다.

밀턴보다 셰익스피어를 더 선호하려면 박사 정도는 되어야 한다. 톨스토이는, 끔찍한 가난으로 정적이고 지속적인 예술 창작이 불가능했으며, 현대적인 사조에는 색맹이나 마찬가지였지만, 이 주제에 있어서만큼은 분명히 보여주는 것이 있다. 불행은, 많은 일을 하지는 않아도, 자신이 할 수 있는 만큼의 일을 한다. 많지는 않아도, 불행이 할 수 있는 만큼 쓴다는 것이다.

연도 미상

현대 문학은 자위행위의 문학

현대 문학은 자위행위의 문학이다.

르네상스 시대의 문학은 사랑에 빠진 데카당스주의자들의 문학이었다. 오늘날의 낭만주의 문학은 자위행위의 문학이다.

알아보자.

세 가지 종류의 성행위가 있다.

① 정상적인 성행위

② 동성애

③ 자기 성교 또는 자위

③번 항목은 세 가지 요소를 갖는다.

A. 꿈. 꿈을 통해 자기 성교 행위가 시각화된다.

B. 자기의 확장. 스스로를 두 개의 몸처럼 형상화시킨다.

C. 장식. 성행위에는 다양한 투자가 필요하다. 그렇지 않으면 [_]

자위행위는 남색을 유발한다.

남색과 자위행위의 본질적 차이는 자위행위는 생산한다는 것이다.

과거의 동성애와 현대의 동성애 간에도 차이가 있다.

연도 미상

알바루 드 캄푸스

문장의 운율

　시에서 운율이나, 음보, 연聯은, 인위적일수록 더 해롭다. 운율, 음보, 혹은 연 그 자체가 인위적인 것이 해롭다는 말이 아니다. 해로운 것은 감정과 생각에 집중하지 않고, 새로운 상념을 만들어내면서, 원래 하고 있던 생각을 방해하는 것이다.

　운율과 음보와 연이라는 형식으로 쓰여지는 모든 것들은 이 규칙적 요소들이 원래의 생각 속에서 발현되는 것이 아니라, 이 요소들이 살아 움직이면서 생각과 감정이 따라야 할 길, 그들이 아니라면 굳이 가지 않을 길을 강요한다. 만일 내가 깊게 느낀 어떤 것에 대해 심도 깊은 이야기를 하고 싶고, 그 이야기를 통해서 다른 이들도 깊이 느끼기를 원한다고 해보자. 그렇다면 '치즈타르트queijada'라는 단어와 압운이 맞지 않다는 이유로 '사랑amor'이라는 단어를 쓰지 않는다거나, 음절 개수의 제한 때문에 '무nabo' 대신 '양파cebola'라는 단어를 쓴다거나, '어제ontem'가 두 음절 모두 장음이라는 이유로 '창백한pálido'이라는 단어를 쓰고 싶지는 않을 것이다.

　빅토르 위고처럼 뛰어난 시적 감수성을 격렬한 언어로 표현하는 경우도 있다. 수련이 더는 필요 없을 만큼 잘 수련되어 있어 감정만으로 어마어마한 시를 쓸 수 있는 능력이 된다면 가능하다. 사랑이나 증오의 감정에 휩싸인 것을 알렉산드랭* 행으로 표현해야만 한다거나, 남성운**을 여성운***으로 바꿔서 표현하거나, 2개의 알렉산드랭 행으로 표현할 수 있는 것을 6행의 'aabccb' 압운으로 표현해야 한다는 법칙을 따르면서 말이다. 이렇게 새장에 갇힌 채 무엇을 느낄 수 있겠는가?

강바닥 아래까지 깊게 흐르던 강물이 들판으로 넘어온다. 물길이었던 것이 홍수로 넘친다. 안에 들어 있어야 할 이미지가 밖으로 나와 있고, 운율, 음보, 연이 윤곽선을 그리고 있는 것처럼 보인다. 그러나 그렇지 않다. 윤곽선을 그리는 것은 우리의 자연스러운 감정이다. 운율이나 음보는 강바닥에서 솟아오르는 어떤 것이다. 알아볼 수 없었던 자연의 어떠한 형태가 범람하게 하는 어떤 것이다. 자연적인 범람이 아닌 것이다.

위대한 시인이라서 그럴까? 그럴 수 있다. 그러나 위대한 시인인 것은 맞지만, 그 이유가 '용기courage'와 '화rage'의 라임을 맞추고, '아들son'과 '소시지saucisson'의 라임을 맞추기 때문에 위대한 시인인 것은 아니다.

'사랑amor'이라는 주제로 운율을 갖춘 시를 쓴다고 생각해보라. 운율에 맞는 음절을 찾다 보면 '애정afeto'이라는 동의

---

* 시 한 행의 음절이 12음절인 것을 뜻하며, 절제보다는 격양된 감정을 표현할 때 사용한다.
** 가장 마지막 음절에 강세가 있는 운율법.
*** 끝에서 두 번째 음절에 강세가 있는 운율법.

어를 더 많이 쓰게 된다. 그 시어가 인간의 감정을 잘 표현해 주기 때문에 사용하는 것이 아니다. 그러나 '애정'이라는 단어는 '사랑'이라는 단어가 갖고 있는 세부적인 의미를 갖지 못하는 지점이 있을 것이고, 그런 지점에서 시는 위태로워진다. 이렇게 시가 다른 시어를 선택한 우회의 방식 때문에 원래 전달하고자 한 본연의 의미 자체가 훼손된다.

모든 시는 인위적으로 가공되었다는 것을 인정하면서도, 인위적인 부분이 지나치게 많다는 것 역시 부정할 수 없다. 진정으로 느끼는 자는 시로 말하지 않고, 산문으로도 말하지 않고, 고함이나 행동으로 말한다. 그러나 조금 덜 느끼는 자는, 그렇게 때문에 오히려 시로 말할 수 있으며, 더 나아가 다른 사람의 시로 말하게 된다. 운율과 음보를 가진 낯선 질서로 말하는 것이다. 이것은 진실되다고 보긴 어려우며, 자연스럽게 아무것도 아닌 것이 된다.

단어 그 자체는 다른 것들이 담겨 있는 기관이다. 그러나 삶의 본질은 동화同化이다. 우리 안에 있는 낯선 것들과의 대화이다. 우리 안의 것이 타인의 것으로 더 많이 변하면 변할수록, 더 살아 있게 된다. 우리 안의 것을 타인의 것으로 변화시키려면, 처음부터 타인의 것을 최소한으로 해야 우리의 것으로 쉽게 만들 수 있다. 인간 영혼의 힘은 거대한 어려움을 통해 안전하게 일하는 방식으로 작동하지 않는다. 나폴레옹은 불가능이란 단어는 자신의 사전에 없다고 말했지만, 모스크바와 워털루에서는 전에 만난 적 없는 불가능을 마주해야 했다. 그 후, 아마 그 단어가 가진 사악함을 속속들이 알게 되었을 것이다.

괴테는 "한계 안에서 일할 때 거장이 탄생한다"고 말했다. 이때 거장은 가능성의 마법사 같은 존재이며, 뛰어난 지능을 가진 서커스단 예술가와 같은 존재이다. 종이로 만든 굴렁쇠를 뛰어넘으며 몸으로 공중제비를 도는 것은 괴테가 말한 거장이 될 수 있는 한 방법이다. 종이로 만든 굴렁쇠가 그에게는 한계이다. 그러나 삶에서, 또 예술에서 실제로 마주하는 한계는 이런 방식이 아니다. 우리가 마주하는 한계는 우리 자신의 성격이다. 우리 자신이면서 또 삶 전체는 아닌 방식이다. 우리가 노력해야 하는 한계는 우리 안에 있다. 그 한계를 떠나서는 일할 수가 없다. 한계는 이것으로 족하다.

연도 미상

불가해한 문단의 리듬

 문단의 리듬은 대개 왜 그렇게 쓰였는지에만 초점이 맞춰져 잘못 이해되어 왔다. 휘트먼*의 경우, 거창하지도 일반적이지도 않은 이 불가해성은 새로움으로 설명된다. 블레이크 등의 여러 작가들이 보여주는 자신만의 독창적인 리듬의 새로움이 아닌, 소재 자체의 새로움을 말한다. 휘트먼은 훗날 미래주의적 감수성이라 불리는 스타일을 개척한다. 산문이 덜 시적이라는 것, 그리고 산문이 사물을 통해서가 아니라 우리 안에서 우러나와 쓰여진다는 것을 확실히 알게 될 때, 덜 시적인 것들을 고려하면서 그 결과물을 노래한다. 휘트먼은, 그러나, 두 가지 새로움을 한 번에 표현하려 함으로써 방향성을 잃었다. 나 역시 그러한 혼란스러움으로 『오르페우』 1권에 실린 「승리의 송시」를 썼다. 휘트먼의 『풀잎』이 쓰인 지 70년 이후에 쓰인 것이지만, 아무도 내 작품에서 휘트먼의 존재를 알아차리지는 못했다. 전반적으로 다른 모든 것들의 존재 그 자체를 이해하지 못한 것과 마찬가지로.

---

*   W. Whitman. 미국의 시인. 그가 평생 수정한 시집 『풀잎』은 형식과 내용 면에서 파격적이고 전복적이다. 알바루 드 캄푸스는 자신의 시 쓰기가 휘트먼의 영향을 많이 받았다고 고백한다.

그러나 프랑스 상징주의자들과 데카당스주의자의 경우, 리듬의 불가해성, 리듬에의 혐오 등 그 출발점이 다르다. 상징주의자들은 불규칙한 운율을 사용하거나 운율 없이 헛소리를 내뱉는다. 내용이 대륙을 망쳐버렸다. 마테를링크*의 『온실』에 나타나는 우둔함, 르네 길**의 어리석은 망상, 귀스타브 칸***의 의미 없는 유사음의 배열 등으로부터 불규칙한 리듬을 알게 된 것은 불행이라고 볼 수 있다. 이 작가들은 모두 운율법을 무시한 작가들로 알려졌지만, 칸의 경우 매우 인상적인 운율을 보여주기도 한다.

그러나 이것은 리듬에 관한 것이 아니다. 말라르메는 엄격한 운문으로 '고전들'을 썼다, 그는 의미의 모호함 때문에 의미 없는 그 가면을 해석하면서 동시에 그 가면을 즐기고자 하는 독자들을 쫓아내버린다.

문단의 리듬은 어떻게 실행되느냐에 따라 달라진다. 휘트먼의 시처럼 폭넓게, 복잡하게, 운문과 산문의 리듬이 뒤섞여 호기심을 자아내게 나타나기도 하고, 카에이루 스승의 시처럼 짧고, 단순하며, 원론적이고, 거의 시 없이 시적이며, 산문 없이 산문적으로 나타나기도 한다. 마리네티****의 놀라운 바보스러움은 그의 시를 묘사적으로 만들었다. 그는 평이한 정신을 갖고 있기 때문에 그의 어떤 생각도 불규칙한 리듬에

---

*　M. Maeterlinck. 벨기에의 시인.
**　René Ghil. 프랑스의 시인.
***　Gustave Kahn. 프랑스의 시인.
****　F. Marinetti. 이탈리아의 시인이자 미래주의의 창시자.

들어맞지 않는다. 그 어떤 것에도 들어맞지 않았고, 그것을 '미래주의'라고 불렀다. '미래주의'라는 표현이 그 어떤 이해 가능한 의미를 갖고 있는 것처럼 말이다. '미래주의'는 그저 오래가는 모든 작품을 의미할 뿐이다. 때문에 마리네티의 의미 없는 말들은 미래주의적이라 하기 어렵다.

카에이루의 간단하고 단순한 시를 예시로 들어보자.

> 가벼운, 가벼운, 매우 가벼운,
> 매우 가벼운 바람이 지나간다,
> 가버린다, 언제나 매우 가벼운 채로.
> 나는 내가 무엇을 생각하는지 알지 못하고
> 어떤 생각을 하는지 알아볼 생각도 없다.

연도 미상

문의에 대한 답변

[…]

⑤ 나는 역사나 허구의 이야기를 쓰지 않았다. 그러므로, 주인공을 내세우지 않았고, 다만 내 안에 있는 다양한 인물들을 끄집어냈다. 이들마저도 진짜 실체는 아니다. 과학적으로 엄밀하게 말하자면 이 사람들은 '실제적인' 존재를 전혀 갖고 있지 않다. 이들은 우리의 감각일 뿐이며, 특정한 목적이 있는 것은 아니다. 심지어 그 감각을 느끼는 나조차도 이보다 더 실제적인 게 있을지 믿을 수가 없게 된다. 다른 모든 이들과 마찬가지로, 나는 '인테르메조'*의 허구이다. 흘러가는 시간이나 남아 있는 작품들만큼이나 거짓이며, 이 상상할 수 없는 우주의 아원자 소용돌이 속에 있다.

⑥ 글을 쓸 때 지적인 것을 염두에 두지는 않는다. 내가 유일하게 고려하는 것은 감정의 배출이며, 지성이 최대한 감정들을 잘 참아내게 하는 것이다. 내가 원하는 바는 모든 시대와 모든 공간, 모든 영혼들, 모든 감정들, 모든 이해들을 위한 존재가 되는 것이다. 이성의 흠집을 찾아내지 않는다면,

---

* 연극에서 막간이나 전후에 진행하는 짧은 극.

미학의 손톱이라도 응시하지 않는다면, 영혼에게는 모든 것이 아무것도 아니다. 존재의 굴레를 발전시키고 관통하는 우주적 힘을 스스로 가질 수는 없다. 그러나 최소한 그 굴레의 소리를 들을 수 있는 의식과 사물들이 한밤에 놀라는 그 순간의 번뜩임이 되고 싶다. 그 나머지는 섬망과 산패에 불과하다.

 […]

1926. 09. 17

알바루 드 캄푸스 & 히카르두 헤이스

리듬과 시

알바루 드 캄푸스:

모든 것이 산문이다. 산문이 리듬을 취하면서 인위적인 형식을 띠게 된 것이 시이다. 이 인위는 간혹 자연스러운 흐름과 일치할 때도 있지만, 대개 부자연스러운 다양한 구두법으로 인해 특정한 공백을 만들어내길 고집한다. 행으로 구분되는 텍스트들, 그러니까 운문이라고 불리는 글들은 대개 대문자로 서두가 시작되며, 구두점은 뜬금없으며, 발음은 제각각 분리된다. 이 과정에서 산문에서는 나타나지 않는 두 가지 현상이 나타난다. 하나는 각 행이, 마치 개별적 인간인 양 갖게 되는 리듬이고, 다른 하나는 강세로, 한 행에서 인위적으로 공백을 갖게 되는 마지막 단어에 강세가 오거나, 또는 (잘 알고 있듯이) 이탤릭체로 표시하지 않아도 격리된 듯 보이는 단 하나의 단어에 강세가 오게 된다.

그러나 다음과 같이 질문할 수 있다. 왜 리듬이 인위적이어야만 하는가? 그에 대한 대답은 다음과 같다. 응축된 감정은 단어 안에 담기지 않기 때문이다. 고함으로 하강시키고 노래로 상승시켜야 한다. 말하는 것은 말로 표현하는 것이기 때문에, 말하면서 외칠 수 없다면 말하면서 노래해야 하고, 말하면서 노래하는 것은 말 속에 음악을 삽입하는 것이다. 그리고 음악이 말과는 다르므로, 말 속에 음악을 삽입할 때, 단어들을 마치 그 안에 음악이 들어 있는 것처럼 배치한다. 사실은 단어 안에 음악이 없으므로 자연스럽게 이 방식은 인위적인 것이 되는 것이다. 바로 이것이 시이다. 음악 없이 노래하는 것. 때문에 서정시의 거장들, 특히 '서정적'이라는 형용사를 최대로 느끼게 해주는 시인들은 음악적이라고는 할 수 없다. 그들이 음악적이라면 어떻게 그럴 수 있겠는가?

　　히카르두 헤이스:
　　캄푸스는 시란 인위적인 리듬으로 이루어진 산문이라 하였다. 시를 인위적인 음악과 연관된 산문으로 본 것이다. 그러나 나는 시가 생각과 단어로 이루어진 음악이라고 말하고 싶다. 감정이 아닌 생각으로 이루어져 음악적으로 표현되는 것이라고 말이다. 감정으로는 음악만을 만들 수 있다. 감정은 생각이 걷는 길을 만들고, 생각을 더 명료하게 만들어 음악을 만든다. 이렇게 음악은 시의 원시적인 형태라고 볼 수 있다. 시로 가는 길일 뿐이지, 그렇다고 시의 초기 형태인 것은 아니다.
　　시는 냉정할수록 더 진실되다. 감정은 리듬과 같은 시의 배열 요소처럼 반드시 시에서 발견되어야 하는 것이 아니다. 이 리듬은 오래도록 시에서 살아남은 음악적인 요소이다. 리듬이 완벽하게 사용될 때, 단어보다 그 안에 담긴 생각을 먼저 떠올리게 한다. 완벽하게 빚어진 생각은 그 자체로 리드미컬하다. 완벽하게 발화된 단어는 축소될 수 없다. 다만 단단

하고 냉정해질 뿐이며, 이 두 자질이야말로 단어가 가질 수 있는 최고의 자질이다. 따라서 가장 아름다운 형태이기도 하다.

    그 안에 내재된 생각이 없다면 그 어떤 단어도 담백한 리듬을 가질 수 없다. 떠오른 어떤 생각이 명사로 환기되지 않는다면, 아름다운 명사는 존재하지 않는다. 밀턴이 사용한 명사들로 다른 누군가를 포장하는 일은 그가 표현하고자 하는 바를 안다면 가능한 일이지만 그것에 무지하고서는 말이 안 되는 일이다. 이해가 잠든 것에 불과하며, 단어들은 무력해진다.

                                             1930. 04. 09

예술의 분류에 대한 논쟁

히카르두 헤이스:

진정한 예술은 두 가지이다. 시와 조각. 현실은 두 가지로 나뉜다. 공간적 현실과 비공간적 현실, 즉 이상. 조각은 공간적 현실을 구현한다. (회화는 해체하고 허물며 건축은 실재하는 것이 아닌 다른 것들을 모방하면서 가공한다.) 음악은 시의 건축이라고 볼 수 있으며, 소리는 한 요소를 고립시키고 이상적이고 비인간적인 리듬을 부여한다.

알바루 드 캄푸스:

예술은 문학, 공학, 정치학, 형상화(연극이나 춤과 같은), 그리고 장식, 이 다섯 가지로 분류할 수 있다. (장식은 식탁 위의 물건들을 잘 정리 정돈하는 기술에서부터 시작되어 회화와 조각으로까지 발전했다. 페르난두 페소아는 '회화와 조각은 본질적으로 장식 예술이다'라는 일리 있는 말을 한 적이 있다. 그러나 장식 예술의 범위에 대해서는 실수를 했다.)

연도 미상

문학 비평

4장 '문학 비평'은 특히 작가를 중심으로, 포르투갈 및 유럽의 작가들을 다룬 페소아의 비평이다. 이 비평은 유럽의 약소국인 포르투갈인의 입장에서 문화강국인 영국, 프랑스, 독일의 작가들을 어떻게 평가하는지 살펴보는 계기가 되어준다.

루이스 드 카몽이스

　카몽이스는 곧 『루지아다스』다. 열등한 사람들이 열등한 것들을 표현하는 것을 보고 감탄하는 서정시는, 감수성이 도드라지는 다른 서사시들과 마찬가지로 서사시의 기계적인 과잉일 뿐이다.
　『루지아다스』가 『일리아드』, 『신곡』, 『실낙원』 등과 나란히 세계에서 제일이라고는 하지 않겠다. 그러나 『해방된 예루살렘』,* 『광란의 오를란도』,** 『요정 여왕』*** 등이 속하는 2군 그룹에는 든다고 할 수 있다. 『오디세이아』나 『아이네이스』는 두 그룹 사이에 걸쳐져 있다. 『루지아다스』는 이런 대서사시 중에서도, 직접적으로 역사적인 내용을 다룬다는 점에서 다른 장편 서사시들과는 구별된다.
　서사시 속 팽배한 우화적 요소는 전설이나 유사 역사 속에서 아주 오래된 인물들 또는 위대한 현대적 인물들, 즉 저 멀리에 사는 누군가를 담아내려 한다. 『오디세이아』나 『아이네이스』, 타소의 『해방된 예루살렘』에서는 이러한 요소가 다

---

*　이탈리아의 시인 토르콰토 타소(Torquato Tasso)의 장편 서사시.
**　이탈리아의 시인 루도비코 아리오스토(Ludovico Ariosto)의 장편 서사시.
***　영국의 시인 에드먼드 스펜서(Edmund Spenser)의 장편 서사시.

양한 방식으로 혼합되어 나타나고, 스펜서의 시나 『광란의 오를란도』에서는 신비한 전설이나 순수한 판타지의 세계를 그리고 있으며, 단테와 밀턴의 서사시에서는 기독교적 사후 세계를 표현하고 있다.

카몽이스는 상상의 세계와 전설에 가까운 역사 이야기를 담아낸다. 군중들의 노래는 허구적인 부분이 분명 있다. 식민지 현실과는 거리가 있는 의지적 상상의 내용에 가깝다. 서사시인의 시선으로 상상조차 할 수 없는 것들을 풀어내고 불가능을 달성한다. 그의 서사시는 사실적인 르포르타주가 아니다. 물론 주제적인 측면에서 출발점이 될 수는 있겠지만 말이다. 아폴로니오스*는 자신이 쓴 작품 속 아르고호의 선원들과 얘기를 나눠봤을 수도 있고, 호메로스는 오디세우스의 동료들로부터 사이클롭스**가 사는 어마어마한 동굴의 이야기를 직접 들었을지도 모를 일이다. 확실한 것은 노래를 불렀던 그 사람이 살아 있었다는 사실이다. 그렇기 때문에 유일한 서사시인이란 곧 동시에 서정시인, 그 자신이다. 이 동일시야말로 모든 다른 덕목들만큼 가치 있는 덕목이며, 동시에 여러 결함의 기원이다.

카몽이스는 자신의 실제 모습에 미치지 못한 작가이다. 그는 위대한 작가이긴 하지만, 자기 자신의 스케치에 지나지 않았다. 항해왕자***와 알부케르크****와 같은 우리 사회의 영

---

*   Apollonios. 서사시 『아르고나우티카』의 작가로, 아르고호를 타고 원정을 떠난 모험 이야기를 그렸다.
** '키클롭스'로도 불린다. 『오디세이아』에 나오는 외눈박이 거인이다.

광스러운 영웅들이라도 카몽이스와 감히 한배를 타지는 못한다. 카몽이스가 쓴 서사시는 그가 차마 쓰지 못한 서사시를 기다리게 한다. 그의 가장 큰 업적은 자신이 칭송했던 반신들만큼 충분히 위대하지 못하다는 것이다.

1924

*** 엔히크 왕자(Infante Henrique). 포르투갈 제2왕조인 아비스 왕조의 시조 동 주앙 1세의 셋째 아들로, 항해왕자라 불린다. 해양 탐사와 신항로 개척을 주도적으로 이끈 인물이다.
**** A. Albuquerque. 포르투갈의 군인으로 포르투갈의 아시아 제국을 설립을 위해 기독교를 전파하고 향신료 무역을 이끈 인물이다.

셰익스피어*

인생에 대해 기독교적 가치관이 취하는 몇 가지 결함적 태도들이 있는데, 기독교 사상을 전형적으로 보여주는 위대한 시인들의 작품 속에서도 이러한 결함이 발견된다. 셰익스피어의 시와 희곡들은, 순수 예술적 관점에서 보자면, 세상이 목도할 수 있는 최고의 실패이다. 결코 셰익스피어처럼 한 인간이 자신의 정신 속에서 이토록 다양한 것들을 합쳐낼 수는 없을 것이다. 그는 (한 가지만 빼고) 모든 장르에서 전에 본 적 없는 탁월한 서정적 능력을 보여주었고, 전에 본 적 없는 인간에 대한 폭넓은 이해와 캐릭터에 대한 본능적 감각을 보여주었으며, 또한 전에 본 적 없는 탁월한 표현력과 전달력을 보여주었다. 그러나 부족한 것이 있다. 균형감, 분별력, 교훈성이 그것이다. 에이리얼*의 추상적인 영성과 팔스타프**의 우스꽝스러운 인간성 사이의 간극만큼이나 모순적인 정신적 상태에 들어가는 것은 불균형 속의 균형을 자아낸다. 그러나 깊숙이 들여다보면 이것은 균형도, 이상적 상태도 아니다. 이

---

*   셰익스피어의 희곡 「템페스트」의 마법을 부리는 요정.
** 셰익스피어의 희곡 「헨리 4세」와 「윈저의 즐거운 아낙네들」에 등장하는 인물로, 늙고 뚱뚱하며 허풍을 달고 사는 남자.

것과 저것 사이에서 균형을 구성하고 발전시키고, 모색하는 것이 불가능할 때, 그는 기독교적 허점을 형상화하여 한 예시로 독자들에게 보여주는 것이다.

밀턴과 비교하자면, 밀턴의 경우 이러한 허점이 더욱 분명하게 나타난다. 셰익스피어가 보여준 분배와 합치, 진보와 통합에 대한 감각 부족. 아주 특이하거나 아주 평범하게 나타나는 이 양상들은 기독교적 시인들에게는 평범한 특징들이다.

매우 복잡하고도 풍부한 우리 문명은 아주 특별한 서정시를 탄생시켰다. 아주 난해하고 심도 깊어서 이해하기도 어렵고 미묘한 작품들을. 그러나 구성적 문학과 시에 있어서는 가장 최상의 수준에 아직까지 도달하지 못했다.

1915?

셰익스피어의 비극들*

그의 작품 중 특히 비극들이 뛰어나지만, 그 자신의 삶의 비극을 뛰어넘는 작품은 없다. 신들은 그에게 뛰어난 능력을 모두 주었지만 단 한 가지를 빠트렸다. 그것은 바로 뛰어난 능력을 뛰어나게 사용할 줄 아는 능력이다. 그는 천재, 그것도 순수한 천재, 불운한 그리고 불멸의 천재의 전형적인 본보기로 살았다. 그가 가진 창작자로서의 능력은 자신의 삶이 마주한 수많은 역경과 어려움으로 산산조각 났다. 그는 자기 자신의 조각에 지나지 않았다. 칼라일*이 말한 "Disjecta membra"**는 우리 주변에 있는 그 어떤 시인이나 그 어떤 인간의 것일 수도 있다. 그러나 그 어떤 시인이나 그 어떤 인간의 것이 셰익스피어의 조각보다 더 진실될 수는 없다.

울적하면서도 총명하며, 때론 반쯤 미친 채로, 객관적인 세계 속에서 자신의 영역을 중단시킨 적 한 번 없이, 자신이 원하는 바를 언제나 잘 숙지한 채로, 고귀한 목적과 불가능한

---

* T. Carlyle. 영국의 사상가.
** 라틴어로 '흩어진 조각'이라는 뜻으로, 고대 유물이 조각 형태로 남아 있는 것을 보고 그 전체 작품을 유추할 수 있다는 의미로 쓰이는 표현. 문학에서는 시의 한 부분만 발췌하여 재배열하더라도 그 작품 전체를 알아볼 수 있다는 의미로 쓰이기도 한다.

위대함을 꿈꾸며, 평이한 결과와 작은 승리들을 일깨우며 우리 앞에 섰다. 이는 그의 삶의 위대한 경험들이었다. 지독한 환멸 없이는 삶의 위대한 경험도 없기 때문이다.

  그의 변덕스러운 의도들, 불분명한 의지, 공격적이고 허황된 감정들, 틀에 박히지 않은 위대한 사상들, 그 무엇보다도 위대했던 그의 본능, 생각들을 꿰뚫어 제대로 볼 줄 알며 생각 그 스스로가 말하듯 표현할 줄 아는 능력, 피와 살마저도 남달랐던 독특한 삶을 살며, 인간이라면 결코 할 수 없는 말을 하는 사람처럼 말하는 능력, 관찰 능력은 물론, 모든 것을 최고의 상태로 한데 모으는 조합하는 능력, 사물을 재빠르게 이해하는 그의 실용적인 능력… […]

연도 미상

괴테

천재적 인간은 자신의 본능을 표현하기 위해 지식을 사용하는 직관을 가졌다. 천재의 작품은 (그것이 시이든 전투이든) 지식의 초지식적 작용이라는 점에서 일종의 변이이다. 재능의 표현이 특수한 것부터 보편적인 것까지 자연스럽게 발휘되는 것이 과학이라면, 천재의 표현이 특수한 것부터 보편적인 것까지 자연스럽게 발휘되는 것이 예술이다. 천재의 시는 선명하게 변형된 근원적 직감이다. 선명하냐 흐릿하냐의 차이는 (천재가 갖는 재능에 따라) 부분적인 지식이 얼마만큼 치환되느냐에 달려 있다. 위대한 전투는 선명하게 펼쳐진 전략적 직감이다. 더 과학적이냐 덜 과학적이냐의 차이는 전략이 갖는 재능에 따라 부분적인 술책이 얼마만큼 치환되느냐에 달려 있다.

천재의 작업은 연금술과 같다. 이 연금술은 네 단계를 거친다. ① 부패, ② 제거, ③ 염색, ④ 승화. 먼저 감각들을 부패시켜야 한다. 그렇게 죽인 다음 기억으로 표백한다. 그러고는 상상력으로 붉게 물들인다. 마지막으로 표현을 통해 승화시킨다.

이 신비스러운 과학에서 도출되는 이미지와 은유들을 빌려와 기초적인 단어로 표현한 것은 단순히 문학을 설명하기 위한 것은 아니다. 이 이미지와 은유들은 자연스럽게 괴테를 논할 때 적용된다. 특히 첫 번째와 두 번째 단계는 괴테가 「파우스트」에서 보여준 상징적이고 은밀한 방식과 많은 부분 닮아 있다. 괴테를 이야기하면서 빼놓을 수 없는 것이 다섯 가지 상징적인 규율인데, 이를 편의상 '오컬트 과학'이라고도 부른다.

괴테는 직감과 관찰을 사용한 작가이다. 그의 영혼은 완벽한 균형을 이루고 있다.(그의 작품보다도 그의 삶이 그것을 증명한다) 이 균형은 자기 영혼의 두 얼굴이 서로를 완성시키고, 서로를 보완하고, 서로 발을 맞추었기에 가능하다. 그의 작품에서 오점이랄까 부족한 것이 있다면, 다소 놀라울 수 있지만, 구성적 실패, 미학적이고 이성적인 규율의 부재이다. 이는 미학과 이성이라는 반대되는 두 특질에 그 어떤 산만한 지식도 첨가하지 않았기 때문이다. 이성적인 것이든, 본능적이 것이든, 분해하는 것이든, 조합하는 것이든.

그를 셰익스피어와 비교해보면 흥미롭다. 셰익스피어 역시 직감과 관찰을 사용했다. 그러나 셰익스피어는 괴테보다 더 본능적이었고, 다른 의미로 관찰자였다. 괴테보다 더 본능적이라고 할 수 있는 이유는, 그가 문화에 의해 덜 곡해된 본능을 가졌기 때문이다. 그리고 그의 표현력은 (때론 초인간적이기까지 한데) 괴테의 것보다 월등하다고 볼 수 있다. 다른 의미의 관찰자라고 한 것은, 괴테의 관찰이 자연적이고 물리적인 것이라면, 셰익스피어는 심리적이고 시적인 것을 관찰했기 때문이다.

1932

빅토르 위고

　　빅토르 위고의 뛰어난 문장들은 어떠한가? 그의 문장은 본질적 서정주의를 뛰어넘어, 표면적 서정주의라 할 수 있다. 진정한 서정시인은 거창한 문장이나 멋들어진 비유, 고결한 이미지 없이 시를 쓰며, 이것이 바로 그들 예술의 미스터리이다. 지식이나 상상력이 아닌, 영혼으로 노래하고 영혼으로부터 노래하는 것 말이다. 한편 위대한 서정시인은, 서정주의의 본질에 충실한 것은 기본이고, 표면적 아름다움도 가진다. 더 위대한 시인일수록 그러하다. 이 표면적인 것들, 즉 문장과 비유, 이미지 등의 아름다움은 위대한 시인에 의해 순수 서정시로 치환될 것이다. 그러면 서정시는 이 표면적인 성질을 잃게 된다. 이러한 순서로 셰익스피어의 유명한 문장들과 유명한 이미지들이 만들어진 것이다. 이들은 앞서 소개한 진정한 서정시보다 더 영적인 속성을 갖는다.

　　빅토르 위고의 글을 읽는 사람은 그가 진솔하게 이 글을 썼다고 생각할 수도 있고, 진솔하지 않다고 느낄 수도 있다. 진솔함이 가시적으로 드러나지는 않는다. 이것이 진정한 서정시인들에게서는 찾아볼 수 없는 지점이다. 때문에 어느 비평가는, 아주 멍청하지 않고서야, 위고의 애국심이나 강인함 같은 성격들을 의심해볼 법하다. 그러나 카몽이스의 애국심에 대해서는 그 누구도 의심하지 않는다. 신화적 요소와 웅장함을 표현해야 하는 어려운 과제를 서정시인은 어떻게 풀어내는지 카몽이스의 시 한 구절을 통해 살펴보자.

> 어찌 아폴로가 당신의 물에게 명령하나요
> 히포크레네 샘에게 샘내지 말라고[*]

서정적 웅장함은 수사학적 웅장함과는 다르다.

수사학은 거대하고 위대한 것들을 쉽게 이해할 수 있어 번역을 했을 때 의미가 크게 손실되지 않는다는 장점이 있다. 경구나 수사적 문장은 언어를 뛰어넘어 통용되기도 한다. 서정시는 그렇지 않다. 서정시를 번역한다는 것은 거의 불가능하다. 서정적 번역가가 필요하지만, 그렇다 하더라도 손실되는 부분이 있기 마련이다. 시 중에서도 가장 번역하기 어려운 것이 서정시이다. 셰익스피어의 소네트를 번역하면 어떤 부분이 남아 있게 될까? 그의 희곡에 삽입된 시들 중 몇 편이나 살아남을까? 셸리의 서정시를 누가 번역으로 재창조할 수 있을까? 어떻게 안테루[**]의 소네트를 그 부드럽고도 슬프고 투명한 음악성과 서정시적 은밀함을 제거하지 않고 번역할 수 있을까? 그런 특징들이야말로 안테루가 위대한 서정시인임을 보여주는 요소인데 말이다. 그리고 마지막이자 가장 확실한 예시로, 카몽이스의 뛰어난 소네트「내 사랑하는 영혼Alma

---

[*] 『루지아다스』 제1곡에서.
[**] Antero de Quental. 포르투갈의 시인.

minha gentil」을 살펴보자. 그 어떤 번역된 외국어로도 이미지도, 비유도 직접적이고 단순한 문장도 없는 이 시의 언어를 이해할 수는 없을 것이다. 더욱이 시의 아름다움이 오직 이 언어적 특질, 즉 반복되는 서정시적 흐름이나 어딘가 틀어지고 광적이기도 한 내밀한 리듬에 있는 경우라면 더더욱. 위대한 수사학적 또는 경구적인 시인은 번역된 작품도 읽을 만하다. 번역이 잘된 경우라면 말이다. 원어를 모르는 사람도 번역만 잘되어 있다면 공들여 외국어를 공부할 필요 없다. 그러나 그 어떤 번역도 가능하지 않은 서정시를 읽고자 하는 자들은, 시인의 영혼이 충실하게 반영된 시일수록 더더욱, 그 시의 원어를 배워야 한다. 서정시 번역은 시인이 시를 통해 표현한 관념과 주제만을 담아낼 뿐이다. 때문에 번역본을 읽는 독자들은 반드시 한 가지 확실한 사실을 염두에 두어야 한다. 번역이 아무리 잘되었다 할지라도, 그 번역은 불완전하고 거짓될 수밖에 없다는 사실 말이다.

빅토르 위고에 대한 저명한 비평가들의 태도는 쉽게 설명 가능하다. 본능적으로 그의 작품이 고결한 서정주의는 아니라고 느꼈지만, 그의 상상력만큼은 어마어마하다는 것을 부정할 수 없었던 것이다. 그 불충분한 분석들은 위고를 제대로 이해하지도 못한 채 수수께끼처럼 그의 주변을 맴돌고 있다.

고백하라, 이 상상력 풍부한 시인의 남다른 패기를 마주하는 것이, 비록 그것이 고결한 상상력은 아니었다고 해도, 조금은 질투가 났다고. 모든 것이 중구난방으로 배열되어 무의식 속에서 쉽게 쓰여졌다는 것이 조금은 질투가 났다고. 그가 하는 말이 더 바보 같기를 바랐다고, 또는 그가 자신이 하는 말과 자신의 영혼으로 표현하고자 했던 것들의 고결함을 더 잘 알고, 더 잘 이해하기를 바랐다고. 그러나 그가 쓴 글들이 아무 가치가 없다면 이런 문제도 발생하지 않는다. 그가 위대함에 대해 확고한 의식을 갖고 있었다면, 즉 자신의 생각을 분석하는 사람이었다면, 이러한 방식으로 이러한 패기를 표현해낼 수 있는 능력은 갖추지 못했을 것이다. 인간의 위대함과 옹졸함은 인간 본성의 두 얼굴이다. 포르투갈 동전을 던져놓고, 브라질 동전이나 영국 동전의 뒷면이 나오길 기다리는 것은 어리석은 일이다.

                                                          1912?

에드거 앨런 포[*]

[…] 에드거 포는 영미문학에서 가장 주목할 만한 인물 중 한 명이다. 그는 시인이자 소설가이자 평론가였다. 시인으로서는 초기에, 아주 조금, 표면적으로 바이런을 계승했고, 근본적으로, 아주 많이는 콜리지를 비롯한 낭만주의의 뛰어난 시인들을 계승했다. 비평가로서는 알음알음 자주 활동을 했지만, 심도 깊거나 주목할 만한 활동은 없었다. 소설가로서는 몇몇 어설픈 작품도 있지만 불멸의 고전이 된 단편들도 남겼다.

복잡한 그의 성격에서 가장 주목해야 하는 것이 병치이다. 이는 단순한 융합과는 다르다. 광기에 가까운 상상력과 차갑도록 명료한 이성을 병치시킨다. 그의 기이할 만큼 생생한 상상력은 아직 아무도 능가하지 못했다. 사-카르네이루[**] 정도를 제외하면 말이다. 포가 가진 미스터리에 대한 감각은 아마도 인간이 가질 수 있는 가장 완벽한 수준일 것이다. 「베

---

[*] 페소아는 친구인 아우구스투 페헤이라 고므스(Augusto Ferreira Gomes)가 카를루스 세케이라(Carlos Sequeira)라는 필명으로 번역한 에드거 앨런 포의 『윌리엄 윌슨』의 서문을 썼다. 이 글은 그 서문의 일부이다.
[**] M. d. Sá-Carneiro. 포르투갈의 시인이자 페소아와 함께 『오르페우』를 창간했다.

레니스Berenice」에 나타나는 섬뜩한 페티시즘은 병적인 상태에 가까운 환각을 훌륭하게 보여준다. 이성을 앞세운 단편에서는 아직 적수가 없다.

포의 빼어난 시들은 풍부한 상상력과 리듬의 은은한 율격을 암시적으로 분리시키고 있다. 그의 빼어난 단편들은, 마치 다른 세계인 양, 상상력의 섬망 상태와 이 섬망에의 명료한 집착을 병합시킨다.

무엇보다도 그의 영향력은 정치적 단편이라는 장르와 공상과학 소설이라는 장르를 개척했다는 데 있다. 모든 현대의 '정치적' 소설들은 「황금벌레」와 오귀스트 뒤팽을 주인공으로 하는 세 편의 단편*을 그 모태로 삼고 있다. 쥘 베른과 H. G. 웰스의 작품과 같은 모든 유사과학 소설들은 「한스 팔의 전대미문의 모험」을 비롯한 많은 우화적 내러티브에서 비롯되었다.

1923

---

*   포의 단편소설 「모르그가의 살인 사건」, 「마리 로제의 수수께끼」, 「도둑맞은 편지」에 동일한 탐정이 등장한다.

포와 셸리 ✴

포와 셸리 모두 영성이 뛰어난 시인이지만, 둘 사이에는 차이점이 있다. 셸리는 영적인 것을 영적인 것으로 묘사하는 한편, 포는 영적인 것을 비⸸인간으로 표현한다. 셸리는 삶의 문제들을 유쾌하고도 거창하게 보는 한편, 포는 거창하게 보기도 하지만 그 문제의 공포를 본다. 셸리는 영혼과 관련된 거대한 문제들을 쾌활함과 한없는 사랑으로 위로하며 우리 앞에 두지만, 포는 우리의 정신과 관련된 용해할 수 없는 문제들을 잔뜩 쑤셔 담아 우리 앞에 둔다.

연도 미상

오스카 와일드 1 *

오스카 와일드는 당시에 예술가로 알려진 것이 아니었다. 그는 '지식인'이라고 불리는 다른 어떤 것이었다. 정말로 그랬는지 밝히는 것은 어렵지 않지만, 왜 그렇게 불리게 되었는지는 퍽 이상하다.

오스카 와일드는 아름다움에 심취해 있었다. 단순히 아름다운 것을 좋아한 것이 아니라 노예 수준이었다. 이 아름다움이란 특히 장식적인 것을 의미했다. 도덕적 미나 지적인 미도 예찬하며 갈망했지만 이마저도 장식적인 성격을 띠고 있었다. 때문에 그는 장식적으로 아름답다고 느낄 만한 감정들과 사상들을 사랑하고 따랐다. 그는 다른 모든 것으로 하여금 지적 아름다움 앞에 정신적으로 복종하게 만들었다. 사상들, 감정들, 환상들―이 모든 것은 그에게 그저 자신의 삶을 장식하고 안락하게 해줄 방편일 뿐이었다. […]

연도 미상

오스카 와일드 2 *

　실속이 없고 취향도 별로인 현대의 작가들과는 다르게 여러 분야에서 두문불출하는 예술적 모험가들 중, 그는 가장 뛰어난 인물이다. 그는 자신의 거짓에 정직하기 때문이다. 그 어떤 것도 정직하지 않은 시대에 유일하게 그의 태도만은 정직하다. 이는 그의 정직이 의식적으로 정직하지 않기 때문이다.

　그를 둘러싼 모든 것이 무의식적인 시대에, 그의 태도만은 의식적이다. 그는 의식적이라는 장점을 갖고 있다. 의식적이라는 점에서 대표성을 갖는다.

　모든 현대예술은 비도덕적이다. 현대예술은 훈육을 받지 않기 때문이다. 와일드는 의도적으로 비도덕적이고, 그렇기 때문에 지적으로 우등하다.

　그는 현대예술이란 무엇인가에 대해 이론적으로 해석했다. 그의 이론은 이따금 오락가락하고 때론 편향되기도 하였지만, 여전히 그는 의심의 여지 없이 상징적 인물이다. 모든 현대이론은 하나의 혼합물이자 메들리이기 때문이다. 현대정신은 강인한 무언가를 하기에는 지나치게 수동적이다.

연도 미상

제임스 조이스

　제임스 조이스의 예술은, 말라르메의 것처럼 공정 과정의, 그 길 위에 있는 것을 포착한 예술이다. 『율리시스』속 섬세함은 과도기의 증상이다. 마치 정신과 의사의 꿈같이 끝에 가서야 밝혀지는 섬망이다.

　동틀 무렵의 문학이다.

연도 미상

포르투갈의 새로운 시

[…]

여기에서 말하는 새로운 시는 다음을 일컫는다. ① 내용적 측면에서, ② 형식의 측면에서, 단순히 리듬과 표면적 구조가 아니라, 표현을 생산하는 모든 요소의 합으로 '형식'을 이해하는 것, ③ 이상 두 가지 모두에 대해서. 예를 들어보겠다. 주제 헤지우José Régio는 그 시의 내용에 관해서는 '새로운 시인'이다. 그러나 그가 쓰는 시의 형식은 새롭다거나, 적어도 주목할 만한 것은 아니다. 안토니우 보투António Botto는 형식과 '방식'의 측면에서는 '새로운 시인'이다. 그러나 그 내용은 포르투갈인들에 대한 노래라는 점에서 지극히 고전적이다. 이런 경우들을, 엄밀하게 말하자면 '새로운 시인'이라거나, '새로운 시 예술가'라고 할 수 있겠다. 아돌푸 카자이스 몬테이루Adolfo Casais Monteiro의 시는 내용과 형식 모두 새로운 것이지만, 그 각각이 어떻게 새로운 것인지는 아직 정의되지 못했다. 이렇게 장점들을 비교하는 것에 주목하라. 그저 차이점을 발견해낼 뿐이다. 칭송하지도, 검열하지도 않는다. 단지 구분할 뿐이다.

그러나 '새로운 시'라는 장르적 명칭이 성립되려면, '내용'과 '형식'이라는 대치되어 보이는 두 종류 모두에 동일하게 부합해야 하며, 그러기 위해선 내용과 형식이 공통적인 요소를 가져야 한다. 그렇지 않으면 더 이상 같은 종류가 아니라 서로 다른 장르가 된다.

이 공통적인 요소를 찾는 일은 어렵지 않다. 이 요소는 절대적 개인주의로 구성된다. 이 용어를 정치적, 사회적, 철학적 맥락에서 사용하지는 않겠다. 시인이나 예술가, 신지식인이 사회학과 정치에 있어 개인주의에 반대되는 시스템보다는 개인주의적 시스템에 더 끌리는 경향이 있다고 해도 말이다. 이는 짐작할 수 있듯이 오늘날 모든 유형의 정신적 삶에서 공통적으로 나타나는 현상이다. 오늘날 유행하는 권위주의 국가들이 인정받고 득세하는 한, 그런 국가들에 대해 적대감을 보이거나 반기를 드는, 또는 반대까지는 아니라도 무관심한 이들은 '새로운' 시인, 예술가, 신지식인으로 평가받을 것이다. 이 주제는 다행히도 내가 더 덧붙일 바가 없다. 반복하자면, '절대적 개인주의'라는 용어를 오직 순수 미학적 의미로만 사용하겠다. 광의로는 예술, 협의로는 그 예술의 형식만이 내가 이 분야에서 관심을 두고 있는 것이기 때문이다.

절대적 개인주의란, 예술적 의미로는, 예술가가 자신의 영혼에 담긴 그 전부를 통합적으로 표현하고자 하는 시도이자 노력을 의미한다. 예술가는 원하든 원하지 않든, 그는 타인이 아니기 때문에, 감정과 표현 속에서 타인들의 영혼과 자신의 영혼을 대치시키기도 하며, 자신이 개인이기 때문에, 개인적이지 않은 것들에 대항하기도 한다.

1935

사회학적 관점에서 포르투갈의 새로운 시

1

포르투갈 초기 세대의 대표적이고 특징적인 문학 운동*은 대중들에게 그다지 호의적으로 이해받지 못했다. 그리고 이 운동은, 그중에서도 특히 시는, 무엇보다도 개인주의를 억압한다는 것이 분명하게 드러나는 것이 특징인데, 첫 번째로 대중들 중에서도 특히 30세 이상의 사람들은 이 개인주의에 적응할 수도 없고, 태생적으로 이해할 수도 없었기 때문이다. 또 다른 이유는 지금까지의 교육 환경이 인간의 감정을 영적으로 관리하는 데 관심이 없었기 때문에, 아주 치열하거나 아주 소소했던 우리네 정치 행태를 닮아 대중들의 감정은 지나치게 감정적이거나 열정과 열의가 척박할 뿐이었고, 현상을 제대로 이해할 수 없는 반쪽짜리 영혼을 갖게 된 것이다. 나머지 한 가지 이유는, 신진 시인이나 문학가, 또 그들과 뜻을 나란히 하는 이들조차 이 새로운 문학 운동이 정확히 무엇인지 제대로 된 인식을 갖추지 못하고 모호하게 대하고 있기

---

* 포르투갈 20세기 초 성행한 문학 운동 '사우도지즈무(saudosismo)'를 의미한다. '향수주의'라고도 번역되는 '사우도지즈무'는 과거의 향수를 그리워하고 포르투갈적인 것을 되찾으려는 복고적 문예사조이다.

때문이다. 현재의 문학 운동은 아직 그 경향에 대하여는 배아 상태이고, 사상에 대하여는 안개 낀 상태라고 볼 수 있다.

생각과 표현의 신비주의는 신비주의를 모르는 이들에게 야기하는 모호함 때문에 반대파들이 흥미를 가질 관심사를 풍자할 때나 유용하다. 추론과 엄밀한 분석으로 현재의 포르투갈 문학 운동을 꿰뚫어 이해하고 민족의 영혼 속에 담긴 것이 무엇을 원하고 무엇을 추구하는지 질문하고, 오늘날의 문학예술 운동이 사회적 문제 앞에서 어떤 가치와 의미를 갖는지 이성적으로 이해하는 것이 시급하다.

2

먼저, 문학의 흐름이라고 불리는 것이 이 시대와 이 나라의 사회적 현상을 잘 대변해주는 형태여야 하는 것은 분명해 보인다. 문학의 흐름은 그저 특정한 시대에 많은 작가들이 공통적으로 갖고 있는 특별한 어조가 아니라, 개인들의 거부할 수 없는 특징들로 구성된 삶과 인생의 전반적인 인식이며, 이 인식을 표현하는 방식이고, 작가들이 공통적으로 이 인식과 방식을 갖기 위해서는 아주 강한 뿌리를 함께 공유하고 있어야 한다. 이 뿌리가 바로 우리가 함께 살며 우리를 하나로 만들어주는 국가이자 시대이다.

만일 문학이 정치적 시기의 사회적 상태에 대한 강렬한 표현이라면, 더욱 응당히 문학 내에서 가장 포괄적이고도 투명하게 그러한 감정과 사상들을 다뤄야 하며, 가장 그럴 수 있는 장르가 바로 시이다.

그러나 지금 중요한 것은 이게 아니다. 문학을 통해 한 시대의 사상을 알고자 하는 것은, 그 당시를 살아보지 않아 알 방도가 달리 없는 후대 사람들의 관심사일 뿐이다. 우리의 관심사는 문학이 사회학적 지표가 될 수 있느냐 하는 것이며, 우리 문학가들이 현재 우리 문명이 몇 시를 가리키는지 알려주는 시곗바늘이 될 수 있느냐는 것이며, 더 정확히 말하자면, 이 시대와 이 나라를 살고 있는 우리 삶의 생기와 생명력이 어떤 상태인지 알려줄 수 있느냐, 단순하게 문학을 통해서 국가 앞에 무엇이 놓여 있는지 미리 예측하고 결론을 내릴 수 있느냐 하는 것이다. 이것은 선험적 지식으로는 알 수 없는 것이다. 때문에 우리는 사실들을 분석한 증거들로 보고할 뿐이다.

그러므로 영토를 탐구하자. 주어진 분석의 상황들을 지체하지 않도록 핵심적인 몇몇 용어들을 명료화하고 단순화하며.

한 국가의 생명력은 군사력이나 경제적 번영의 정도와 같은 2차적 요소들, 말하자면, 국가의 물리적 여건을 통해 말할 수 있는 것이 아니다. 오히려 정신적 영역, 즉 창조 능력을 통해 판단해야 하는데, 이 창조 능력이란 좁은 의미로 공학과 같은 단순 과학만을 의미하지 않는다. 오히려 문명화 운동을 위한 새로운 창조의 틀, 새로운 일반 사상들을 의미한다. 바로 이것이 그 누구도 로마의 거대한 문화유산들을 그리스의 초월적 강대함에 비교하지 않는 이유다. 그리스는 문명을 창조했고 로마는 단지 전파하고 퍼뜨렸기 때문이다. 유적지는 로마의 것일지라도, 사상은 그리스의 것이다. 로마가 죽음의 공식에서 멸망한 것들을 제외한, 영광의 기억이라면, 그리스는 우리의 사상과 우리의 감정 속에 살아남아 있는 것이다.

분석의 실질적 예시로 두 국가를 들어 보겠다. 영국과 프랑스이다. 두 국가를 선정한 이유는 한 국가로의 동일성과 삶의 방식의 연속성, 중요시되는 문화적 영향력을 갖추었기 때문이며, 여기에서 다루는 문제들은 단지 여기에서의 논의로만 제한하도록 한다. 다른 어떤 국가나, 더 복잡하고 시대적으로 거리가 있으며 다른 분석이 가능한 국가에 대한 연구까지 확장하지는 않겠다. 분석 대상이 부족하다는 것은 그 분석이 표면적 분석일 때나 문제가 된다. 왜냐면 "밀짚 하나를 설명하려면 우주의 원리 전체를 들쑤셔야 하기 때문"이다. 그러나 뛰어난 추론가라면, 밀짚 하나에도 우주의 원리가 들어 있다는 것을 이성적으로 발견할 것이며, 밀짚 하나를 면밀히 관찰하여 우주의 원리를 연역해낼 것이다. 영국과 프랑스를 분석 대상으로 삼아보자. 그리고 명확한 시기를 설정해보자. 공간만으로는, 문학의 발전 시기나 정치적 배아 상태를 함께 연구하기 어렵기 때문이다.

3

영국 문학사는 세부적으로는 무수히 많은 구분이 가능하지만, 크게 세 시기로 나눌 수 있다. 먼저 1580년경부터 공화정 말까지라고 볼 수 있는 엘리자베스 시기, 그리고 '신고전주의' 시기라고 불리는 18세기 초부터 1780년경까지의 시기, 마지막으로 그 이후부터 현재까지의 시기가 있다. 이 세 시기 중 첫 번째 시기가 가장 훌륭했다고 볼 수 있는데, 단순히 그 시대의 전반적인 시적 분위기가 가장 숭고했기 때문만이 아니라, 스펜서, 셰익스피어, 밀턴 등을 비롯한 시인들이 시적 절정을 이루며 다음에 올 두 시기를 대표하는 뛰어난 작가들을 겸손하게 만들기 때문이다. 두 번째 시기는 다른 두 시기에 비해 열등하다. 이 시기에는 구체제의 프랑스가 사회적 헤게모니를 장악하였는데, 유럽 전반에 프랑스식 시적 분위기가 전파되었다는 것이 특징이다. 세 번째 시기는 콜리지, 셸리, 브라우닝 등 논쟁의 여지 없이 빼어난 작가들이 살았던 시기다.

이제 각 문학적 시기에 상응하는 정치적 시기를 살펴보자. 엘리자베스 시기에는 영국인들의 삶이 공화정과 특히 크롬웰에 의해 결정되었다. 이 시기는 창작의 시기이다. 이때에 영국은 현대 세계에 아주 중요한 문명 원칙을 제공하였다. 바로 민주 정치라는 개념으로, 훗날 프랑스 혁명의 기치가 되기도 하였으며, 별다른 창조적 변형 없이 간단하게 공화민주주의로 변모하기도 한다. 공화정의 몰락 이후 시작된 두 번째 시기의 영국 정치적 상황은 1688년 왕조를 교체하는 것으로 혁명의 정점을 찍고, 1780년 사상적인 힘을 잃다가 1832년 선거 개혁을 통해 사실상 혁명의 막을 내리게 된다. 이렇게 영국 내에서는 민주 정치가 완전히 무효이자 불모가 된다. 이 시기에 창작이라고는 전무하였고, 위대한 작품도 나오기 힘들었다. 당시 유럽 사회의 헤게모니는 프랑스가 잡고 있었다. 두 번째 시기 동안 영국은 아무 일도 행하지 않았다. 그저 무심하고 나른하게 민주 정치라고 수립된 것의 원칙을 수행할 뿐이었다. 세 번째 시기 역시 영국은 문명적인 것은 아무것도 만들지 않았다. 그저 자신의 나라를 강대국으로 만들었을 뿐이었다. 19세기에 이르러 영국은 다른 국가들보다 한 발짝 더 유럽 패권의 중심에 들어서게 된다. 트라팔가르의 넬슨,* 워털루의 웰링턴**을 통해 말이다.

이제 프랑스를 살펴보자. 앞서 말했듯이 아직 초기 단계이고 형태가 제대로 잡히지 않았다는 점을 감안하면, 영국처럼 세 시기로 구분할 수 있는데 시간적으로 영국과 일치하지는 않는다. 첫 번째 시기는 구체제의 루이 14세가 집권하였으며 18세기 말까지 지속되는 시기로, 유럽 문학의 분위기를 주도한다. 두 번째 시기는 낭만주의 시기로, 구체제 몰락부터 시작되어 1848년에서 1870년 사이 공화주의의 구축과 함께 끝난다. 대략 1871년부터 1881년까지 서서히 공화주의가 공고화되면서 세 번째 시기가 도래하는데, 이 시기에는 사실주의, 상징주의, 반낭만주의 등이 도드라진다.

위 시기들에 상응하는 정치적 상황들을 살펴보자. 첫 번째 구체제 시기는 프랑스가 그 어떤 문명도 창조하지 못했다. 그저 유럽 사회의 패권을 쥐고 스스로를 강대국으로 만드는 데에 주력했으며, 이 시절의 희미한 영향력으로 프랑스는 아직까지 재미를 보고 있다. 두 번째 시기는 1848년부터 1870년까지, 조금씩 프랑스 혁명에 대한 청사진을 그린 시기이며,

---

*   1805년 넬슨 제독이 트라팔가르 해역에서 나폴레옹이 이끄는 프랑스 함대를 격파하였다.
** 1815년 웰링턴 장군이 워털루 전투에서 나폴레옹을 격퇴하고, 이 전투를 계기로 나폴레옹의 통치가 막을 내리게 된다.

이 시기 동안 프랑스는 공화민주주의 사상을 창안한다. 물론 현대 세계에서 최초라 할 수 있는 영국의 크롬웰의 사상만큼 창의적이라고 볼 수는 없다. 그러나 더 정교하게 발전시켰다. 아무리 부차적이라 하더라도 이것 역시 창작임에는 틀림없다. 마지막으로 세 번째 시기는 1870년대부터 현재까지로, 프랑스는 문명을 위해 어떤 것도 창조하지 않았으며 국가를 더욱 강하게 만들지도 않았다. 유럽의 가치가 추락하고 있기 때문이다. 그저 영국의 두 번째 시기처럼 살아갈 뿐이다. 무심하고 무자비하게, 지난 시기에 자신들이 만들어낸 공화정 민주주의의 원칙들을 실행할 뿐이다.

이것들을 두고 분석해보자. 먼저 분명해 보이는 것은 문명의 가치와 국가의 생명력이 비례한다는 사실이다. 프랑스의 첫 번째 시기와 영국의 세 번째 시기, 프랑스의 두 번째 시기와 영국의 첫 번째 시기, 프랑스의 세 번째 시기와 영국의 두 번째 시기 간에는 유사점이 있다. 사회적, 문명적 유사점은 문학적 유사점과 딱 들어맞는다. 영국 문학은 첫 번째 시기에, 프랑스 문학은 두 번째 시기에 정점을 찍는다. 또 영국의 세 번째 시기와 프랑스의 첫 번째 시기에도 비교적 문학적 풍요로움이 있다. 그리고 두 번째 시기의 영국과 세 번째 시기의 프랑스는 다른 시기와 비교하여 문학적 역량이 매우 낮다. 보다시피 문학가들의 가치는 그 시대가 얼마나 창조적이냐의 정도에 상응한다. 문학이 단지 그 시대의 사상들을 그대로 번역하는 것이 아니라, 문학사 내에서의 문학의 가치, 문명사 내에서의 시대의 가치를 반영한다.

이 논의를 발전시키다 보면, 문학의 연대기적 시점이 각각 사회적 움직임과 상응하면서도, 그 방식은 세 시기 모두 다양하다는 것을 알 수 있다. 영국의 첫 번째 시기는 매우 창조적이며 셰익스피어라는 거장이 정점을 찍는데, (1590년에서 1610년 사이) 이는 원래의 체제가 쇠퇴하고 새로운 움직임이 일어나던 정치적인 움직임에 **선행한다**. 프랑스에서는 같은 시기에 격정적 정치 운동이 일어나면서 낭만주의 사조가 쇠퇴한다. 영국의 두 번째 시기와 프랑스의 세 번째 시기는, 이미 살펴본 것처럼, 정치적 기류가 먼저 시작되고 그에 상응하는 문학적 기류가 **뒤따른다**. 프랑스에서 상징주의, 사실주의 등의 움직임이 나타난 것은, 분명, 그 직전 공화정이 공고히 자리를 잡았기 때문이다. 한편 영국에서는 문학적 흐름의 정점을 찍는 세대(아마 가장 대표적인 작가는 드라이든으로, 그는 직전 세대에 걸쳐 있는 과도기의 시인이다)가 입헌군주제라는 새로운 형식의 시대적 특징이 나타난 후에 뒤이어 등장하는 것을 볼 수 있다. 영국의 세 번째 시기와 프랑스의 첫 번째 시기는 공통점이 있다. 바로 문학적 정점의 시기와 정치적 정점의 시기 가운데 끼어 있는 시대라는 점이다. 루이 14세 치하에 문학적 가치가 매우 중요하게 여겨졌고, 근대적 영국의 가치를 위한 대의가 대두되고 그 대의를 위한 전쟁이 치열했던 영국의 개혁주의 운동(1770-1832년)은 영국의 낭만주의 시대와 일치한다.

    그럼 이러한 문학적 흐름들의 내적 특징이 어떠한지 살펴보자. 영국의 두 번째 시기와 프랑스의 세 번째 시기, 즉 국가가 스스로를 위해서나 다른 이들을 위해서나 아무것도 창조하지 않은 시기는 문학의 탈국가화나 정신적 요소 등 더 중요한 부분에 기여하기도 한다. 18세기의 영국 문학은 사실상 프랑스제 틀에서 주조되었고, 1880년의 프랑스 문학은 거의 프랑스적 정신을 담고 있다고 보기 힘들다. 이렇듯 지면이 허락하는 대로 하나의 예시를 들자면, 상징주의는 본질적으로 혼란스럽고 서정적이며 종교적인 문예사조로, 명료하고 논리적이고 따지기 좋아하는 프랑스 국민의 성정과는 명백히 대치되는 것이다. 영국의 세 번째 시기와 프랑스의 첫 번째 시기는 두 국가 모두 가장 강성하고 사회적 헤게모니가 막강했던 시기지만, 문명의 차원에서는 국가 정신과 대외적 영향력의 균형이라고 볼 만한 업적을 전혀 쌓지 못했다. 또한 독일은 분명 영국의 낭만주의에 영향을 끼치긴 했지만, 17-18세기 프랑스 문학과 국가 정신에 끼친 고대 그리스 로마 시대의 영향만큼 절대적이라고 보긴 어렵다. 마지막으로, 문학의 전성기인 영국의 첫 번째 시기와 프랑스의 두 번째 시기에는 국가 정신이 문학에 끼치는 영향이 아주 지대해서, 외국에서 유입되는 영향들은 거의 전멸하다시피 되었다. 그리하여 뛰어난 작문, 꾸며낸 심오함, 명료한 경구 문체, 서정주의의 정수와 같은 면모를 지닌 빅토르 위고만큼 프랑스적인 작가는 없다. 영국에서는 주저할 것 없이 스펜서와 셰익스피어와 밀턴이 (밀턴보다 스펜서와 셰익스피어가 더) 영국적이라고 할 수 있다.

4

이르지만, 이 분석에는 포르투갈 근대시를 깊게 들여다볼 수 있는 요소들이 들어 있다.

먼저, 현재 포르투갈 문학의 흐름은 부정할 수 없이 민족적이며, 이것이 대중적 취향의 총합이라는 측면에서 민족적인 것만이 아니라, 특정한 사상, 특정한 감정, 특정한 표현 방식을 갖는 민족적 양상을 띠는데, 이는 온전하게 포르투갈적이라고 할 수 있는 문학적 움직임과는 동떨어져 있다. 뿐만 아니라 이는 문학 운동이라고 보기 어려운, 예술 운동의 범주에서 단순한 특징적 관습이나 사회학적 사례의 하나로 격하된, 국가의 정신적 의복衣服의 한 종류에 다름 아니다.

두 번째, 포르투갈의 시 운동이 특별한 가치가 있는 개인들을 앞세운다는 것이다. 그들은 밀턴들도, 셰익스피어들도 아니다. 어조라든지, 문학적 흐름에서 극단적인 위치에 있을 뿐, 이탈리아 작가 한두 명을 제외하면, 동시대 유럽 작가들과 고만고만한 가치를 가지는 이들로, 오늘날의 포르투갈 문학 흐름과 비교될 영향력을 가질 만큼 독자적이라나 국가적으로 인정받을 만한 문학 운동 또는 흐름에 속하지 못한다.

세 번째이자 마지막으로 주목해야 할 점은 이 문학 운동이 사회적 삶의 질이 낮고 가난하고, 정치는 비열하고, 일상의 평화에 여러 어려움과 방해물이 가득한 시대에 일어났다는 사실이다. 미래에 대한 최소한의 희망이나 안전장치가 결여된 시대에 말이다.

이러한 사회학적 문제 요소들로 인해, 불가피한 결론에 도달하게 된다. 가장 걸출하고, 비범하며, 감히 기대할 수 있는 결론 중 가장 훌륭한 결론 말이다. 이는 미래의 루지타니아* 문명, 영광스러운 포르투갈 조국의 미래에 대한 테이셰이라 드 파스코아이스**의 예언적 직감과도 일치한다. 파스코아이스의 신비로운 믿음과 직관, 이 모든 것이 우리가 수학적으로 확신해야 할 이성이다.

현재 우리가 직면한 문학 운동은 영국의 첫 번째 시기와 프랑스의 두 번째 시기에 빗댈 수 있는 특징들을 갖고 있음을 알 수 있다. 그러므로 그 시대를 대표하는 문학으로부터 결정적 유추를 통해 결론을 도출할 필요가 있다.

이 유추는 완벽하게 작동한다. 먼저, 완전한 국가주의와 새로운 움직임이 첫발을 내딛었다. 그리고 한 문학 흐름을 논할 때 논란의 여지 없이 가치를 갖는 작가들이 있다. 물론 혹자는 아직 포르투갈 문학에 셰익스피어나 빅토르 위고 같은 인물은 등장하지 않았다고 보기도 한다. 그러나 이 흐름은 아직 시작 단계에 있으며 점차, 그러나 더욱 견고하게, 더욱 선명하게, 더욱 종합적으로 발전할 것이다. 이러한 사실들로 보았을 때, 아마도 이른 시일 내에 걸출한 시인 또는 시인들이, 이번 시대에, 이 나라에도 배출될 것이라고 믿어볼 만하다. 이 움직임이 배출하게 될 위대한 시인은, 필연적으로 현재까지 가장 위대한 카몽이스를 2인자의 자리로 내몰 것이다. 이 추론을 소란스럽게 확증시켜줄 인물이 가까운 미래에 나타날

---

*   Lusitania. 포르투갈의 옛 지명이자 포르투갈을 뜻하는 또 다른 이름.
**   Teixeira de Pascoaes. 19세기 말 20세기 초 활동한 포르투갈의 시인으로, 민족주의적 성격이 강했으며, 노벨문학상 후보로 물망에 오르기도 했다. 파스코아이스는 포르투갈 문예부흥 운동인 '포르투갈 르네상스(Renascença Portugues)'의 일환으로, 일반적으로 '그리움'으로 번역되는 포르투갈의 '사우다드(Saudade)' 개념을 발전시켜 '사우도지즈무(Saudosismo)'라는 하나의 사상을 정립하기도 했다. 파스코아이스에게 '사우다드'는 인간 안에 우주적 질서의 일부로 내재된 '무한한 희망의 기억'이다.

지 누가 알겠는가?

　　이렇게 반론할 수도 있겠다. 그다지 길 필요가 없는 이 글에서 보여준 많은 경멸적인 부분들은 차치하고서라도, 현재의 정치적 상황이 뛰어난 문학 천재를 배출하기엔 치졸하고 보잘것없다고 말이다. 그러나 오히려 이런 이유들이 머지않아 이 나라 이 땅에서 카몽이스를 뛰어넘는 supra-Camões 차기 인물이 등장하리라 보는 결정적 요인들이다. 현재 포르투갈 문학의 흐름이 프랑스나 영국, 즉 인간의 이성과 그에 적합한 위대한 시대의 문학가의 출현이 이루어진 그런 나라들의 상황과 완벽한 유비를 이루려면 바로 이러한 세부 요건들이 필수적이다. 왜냐하면, 앞서 살펴보았듯, 하나의 문학적 흐름은 한 국가의 숭고한 시대의 사회적 흐름에 언제나 선행하기 때문이다. 문학적 흐름의 정점 이후 한 세대, 두 세대 심지어는 세 세대가 지난 후에도 이런 정치적인 르네상스의 조짐은 보지 못한다는 게 오히려 놀랄 일 아닌가?

　　감히 결론을 내리고자 한다. 이성이 꿈을 능가하는 이 시점에. 현재 포르투갈 문학의 흐름은 완전히 그리고 절대적으로 위대한 문학 흐름의 초기 단계이며, 위대한 국가의 위대한 시대적 작가들이 뒤따르고, 그 국가는 위대한 문명을 딸로 낳을 것이다.

　　현재의 사악하고 사소한 것이 우리를 속이거나 실망하게 놔두지 말자. 우리의 이성을 확증하는 것이 바로 그것들이다. 용기를 갖고, 이성이 우리를 데려가는 곳을 향해, 해안으로부터 불어온 저 광기의 기쁨을 향해 나아가자. 포르투갈의 비범한 르네상스와 어마어마한 부활을 준비하자. 이 르네상스의 물결이 어디로 우리를 이끌어야 할지는 이 짧은 연구로는 다 알 수 없다. 이성으로 확증할 수 없다는 이유로, 이 예견이 광인의 자각몽처럼 보일지도 모른다.

    믿음을 갖자. 그리고 결국에는, 우리의 영혼과 우리의 육체, 우리 매일매일의 일상과 영원이 감히 상상으로 품었던 영광스러운 미래에는, 이 믿음이 이성적이었음을 증명하자. 낮과 밤, 생각과 행동, 꿈과 삶은 우리와 함께 있다. 우리 영혼의 그 어떤 부분도 오늘의 이 임무, 즉 내일의 강한 포르투갈을 건설하는 임무에 모자람이 없도록 말이다.

1912

이명 소개

'이명heterónimo'이란 '가명pseudónimo'과 구분되는 용어로, "hetero-"*라는 접두어에서 볼 수 있듯 다양성과 다질성을 속성으로 갖는다. 한국어로는 '동명이인'의 반대 개념으로 '동인이명'이라는 뜻에서, '이명異名'이라고 번역된다.

페소아가 고안한 '이명'은 100개가 넘으며, 여전히 페소아의 새로운 텍스트들과 함께 새로운 이명들이 발견되고 있다. 이 책 『이명의 탄생』에 등장하는 이명들을 중심으로, 흥미로운 이명을 몇 개 더해 페소아의 이명을 간략히 소개한다.

— 옮긴이

파 기사 Chevalier de Pas

1893년 페소아가 5살에 만들어낸 상상의 친구인 프랑스 기사. 이 이름으로 마치 타인인 것처럼 본인에게 편지를 썼으며 어머니의 생일 편지도 '파 기사'의 이름으로 쓰기도 했다.

찰스 로버트 애넌 Charles Robert Anon

1903년 고안. 영어로 시와 산문을 썼으며, 1903년에서

---

* 그리스어로 '다르다'라는 뜻의 접어로, 이형(異型) 또는 이종(異種)의 의미를 가진다.

1906년까지 활발히 작품 활동을 하였다. 이 시기에 페소아는 많은 이명을 만들어내는데, 그중 '애넌'이 핵심적 이명이다. 1904년 『나탈 머큐리 The Natal Mercury』지에 시를 발표한다. 1905년 같은 잡지에 시를 투고하였으나 영국 제국주의에 대한 비판을 담고 있다는 이유로 거절된다.

알렉산더 서치 Alexander Search

1906년 고안 추정. '찰스 로버트 애넌'을 계승한 이명으로 알려져 있다. '애넌'과 같이 영어로 작품 활동을 하는 대표적인 이명이며, 두 이명 모두 청소년기 페소아가 가졌던 전통에 대한 반감과 저항심을 작품으로 보여준다. 대표작으로는 콩트 「아주 독창적인 저녁 A Very Original Dinner」이 있다.

비센트 게드스 Vicente Guedes

1909년 고안. 페소아가 차린 이비스 출판사에서 가장 바쁘게 일한 인물. 소설 『지킬 앤 하이드』, 브라이언과 셸리의 시 등을 번역하였으며 '알렉산더 서치'의 영어 작품도 포르투갈어로 번역하였다. 시와 산문을 쓰다가 1915년경부터 『불안의 책 Livro de Desassossego』 초반부를 쓴다. (1929년부터 베르나르두 소아레스에게 『불안의 책』 저자 자리를 물려준다.) 게드스는 어린 시절부터 친구나 애인 없이 살아왔다.

알베르투 카에이루 Alberto Caeiro

1914년 3월 고안. 1889년 4월 16일 오후 1시 45분 리스본에서 태어나 1915년 1월 사망한다. 파란 눈에 금발, 그리스인

느낌이 나며 체격이 보통이고 굽은 체형, 이미가 희다. 시골에 살며 정식 교육을 거의 받지 않았다. 부모님이 돌아가시고 연로한 여자 친척과 함께 적은 소득만으로 살아간다. 대표작으로 『양 치는 목동 O Guardador de Rebanhos』이 있다.

알바루 드 캄푸스 Álvaro de Campos

1914년 6월 고안. 1890년 10월 15일 오후 1시 30분, 포르투갈의 지중해 도시 타비라 Tavira에서 태어난다.* 10월 15일은 니체의 생일이기도 하다. 외형은 키가 크고 말랐으며 머리가 직모이고 단안경을 쓴다. '카에이루'의 제자이며, 포르투갈 시인 세자리우 베르드 Cesário Verde와 미국 시인 월트 휘트먼 Walt Whitman의 영향을 받았다. 스코틀랜드에서 기계공학 및 선박공학을 공부하였고 동양으로 오래 여행을 가기도 하였으며 런던과 뉴캐슬어폰타인에 거주하다가 리스본에 정착하게 된다. 베이라 Beira 지역에 사는 신부인 삼촌에게 라틴어를 배웠다. 양성애자로 추정되기도 한다. 대표작으로 「승리의 송시 Ode Triunfal」, 「바다의 송시 Ode Marítima」, 「담배 가게 Tabacaria」 등이 있다.

히카르두 헤이스 Ricardo Reis

1914년 6월 고안. 페소아는 1914년 7월에 '카에이루', '캄푸스', '헤이스'를 트리오 또는 가족으로 표현한 바 있다.

---

* 태어난 날짜와 시간에 대해서는 정정의 흔적이 있으나 가장 마지막 버전인 1935년에 쓴 편지의 내용을 기준으로 한다.

1887년 포르투 시에서 태어났다.* 포르투는 페소아의 엄마가 살던 도시이기도 하다. 예수회 학교를 나와 의학을 공부하고, 공화정제가 무너진 1919년부터 브라질에서 생활한다. '카에이루'의 제자였으며, 그리스어를 독학하여 여러 그리스 고전을 번역하기도 한다. 신고전주의자로 다수의 송시를 썼다.

안토니우 모라 António Mora

1915년 고안.** '알베르투 카에이루'가 죽은 해에 고안되어 '카에이루'의 철학적 계승자로도 불린다. 신이교주의 Neo-paganismo 철학자이며, '알베르투 카에이루'와 '히카르두 헤이스'와 사상적 토대를 공유한다.

토머스 크로스 Thomas Crosse

1916년 고안. 영어 에세이스트이자 번역가.

A. A. 크로스 A. A. Crosse

1916년 고안. 페소아와 연인 오펠리아가 주고받은 편지에 등장하는 이명으로, 영국 주간지에서 주최하는 낱말 퀴즈에 출전해 상금을 탄다.

---

* 태어난 장소와 날짜에 대해서는 다른 버전이 몇 개 있으나 1935년 페소아가 작성한 가장 마지막 기록을 기준으로 한다. 1917년 페소아가 남긴 글에는 1887년 9월 19일 오후 4시 5분 리스본 출생으로, 파울루 카르도주(Paulo Cardoso)의 연구에 따르면 1887년 8월 4일 오후 2시생으로 나와 있다.
** 그러나 그 이전인 1909-1910년에 쓴 콩트 속 인물로 먼저 등장했다.

베르나르두 소아레스 Bernardo Soares

1920년 첫 등장. '비센트 게드스'를 이은 『불안의 책』 저자. "나의 인격은 아니지만 나와 다르지도 않다"*라고 말하며 페소아가 반이명semi-heterónimo으로 칭했던 이다. 리스본의 도라두르스 거리Rua dos Douradores에 살며 상업번역가로 일했다.

마리아 주제 Maria José

1929-1930년 고안 추정. 「열쇠공에게 보내는 등 굽은 여인의 편지」의 저자. 19살의 여자로, 결핵을 앓고 있으며 척추와 다리에 장애가 있어 거동이 불편하다. 자신의 방 창문 너머로 매일 안토니우라는 열쇠공을 바라보며 편지를 쓰지만, 부칠 의향은 없다. 한편, 「마리아 주제의 꿈」이라는 제목의 콩트도 발견되었으나, 이 글의 저자는 척추 장애를 갖고 있지는 않다.

---

* 1935년 1월 13일, 아돌푸 카자이스 몬테이루(Adolfo Casais Monteiro)에게 쓴 편지에서.

페르난두 페소아 소개

페르난두 안토니우 노게이라 페소아Fernando António Nogueira Pessoa는 1888년 6월 13일 포르투갈 리스본에서 태어났다. 어린 시절 아버지를 여읜 후 어머니가 외교관과 재혼하여 남아프리카 더반으로 이주했다. 더반에서 영국식 교육을 받으며 포르투갈어와 영어를 함께 구사하게 된다. 이때 교육받은 영국 문학작품들은 페소아 작품세계 전반에 큰 영향을 끼쳤으며, 작품 활동도 포르투갈어와 영어로 했다. 1903년 케이프타운 대학University of Cape Town 입학 시험에서 제출한 영어 에세이로 퀸 빅토리아 상을 받기도 했다.

1905년 열일곱 살 되던 해 포르투갈로 돌아와 리스본 대학의 전신인 문과고등과정Curso Superior de Letras에 입학하였으나 2년 만에 중퇴한다. 1909년 할머니가 돌아가신 후 물려받은 유산으로 '이비스 출판사Íbis tipografia'를 차리지만 1년 만에 문을 닫는다. 1911년 영국의 한 잡지사에서 편집인 자리를 제안받는데, 이를 거절하고 리스본에 남는다. 페소아는 더반에서 리스본으로 이주한 후 거의 리스본 안에서만 생활한다.

1912년 「사회학적 관점에서 포르투갈의 새로운 시A Nova Poeisa Portuguesa Sociologicamente Considerada」를 『아기아Águia』지에 실으며 첫 평론을 발표한다. 이듬해인 1913년 같은 잡지에 훗날 『불안의 책Livro de Desassossego』의 출발점이 되는 「낯섦의 숲에서Na Floresta do Alheamento」를 발표한다. 1914년에는 시 「해 질 녘의 인상Impressões do Crepúsculo」을 발표하며 '수렁주의Paulismo'를 창시한다. 같은 해에 페소아는 자신의 대표적 이명인 알베르투 카에이루Alberto Caeiro, 히카르두 헤이스Ricardo Reis, 알바루 드 캄푸스Álvaro de Campos를 고안해낸다.

1915년에는 포르투갈 모더니즘에 중요한 역할을 한 것으로 평가받는 『오르페우Orpheu』지를 창간한다. 같은 해 이 잡지를 통해 알바루 드 캄푸스가 시를 발표하며 대중들 앞에 처음 선다. '오르페우 세대geração d'Orpheu'라 불리는 마리우 드 사-카르네이루Mario de Sá-Carneiro, 알마다 네그레이루스Almada Negreiros, 하울 레알Raul Leal 등의 동시대 모더니스트 문학예술인들과 교류한다. 오르페우 세대는 『포르투갈 푸투리스타Portugal Futurista』(1917), 『콘템포라네아Contemporânea』(1922-1926), 『아테나Athena』(1924-1925) 등의 문학예술지를 펴내기도 한다.

1919년 무역회사에서 번역가로 일하며 생계를 유지하다가 비서로 일하는 오펠리아 케이로스Ofélia Queiroz를 만난다. 오펠리아는 페소아의 유일한 연인으로 알려져 있다. 1920년 출판사 겸 광물 무역회사 '올리지푸Olisipo'를 차린다. 이 출판사를 통해 당시 포르투갈 사회에서 문제적으로 여겨지던 작가들의 작품을 출간하면서 정부로부터 경고를 받기도 한다.

1924년 히카르두 헤이스가 『아테나』 창간호를 통해 20편의 송시를 발표하며 처음 세상에 이름을 알린다. 1925년 『아테나』 4호를 통해 알베르투 카에이루가 대표작 「양 치는 목동O Guardador de Rebanhos」을 발표한다. 1927년 『프레젠사Presença』지에 히카르두 헤이스의 시를 발표하며, 『프레젠사』와의 협업을 시작한다. 1929년 『아 헤비스타A Revista』지에 『불안의 책』의 일부를 베르나르두 소아레스Bernanrdo Soares라는 이름으로 발표한다. 이해 안토니우 보투António Botto와 함께 『현대 포르투갈 시선집Antologia de Poemas Portugueses Moderno』을 펴낸다.

    1934년 페소아가 살아생전 출간한 유일한 포르투갈어 시집 『멘사젱Mensagem』이 출간된다. 『멘사젱』은 포르투갈 국가선전부Secretariado de Propaganda Nacional에서 제정한 안테루 드 켄탈 상Prémio de Poesia Antero de Quental 2등상을 수상한다. 1935년 11월 29일 페소아는 극심한 복통으로 병원에 입원하여 11월 30일 생을 마감한다. 페소아의 글들은 2019년 포르투갈 국보로 지정된다.

옮긴이 해설

    2016년, 옮긴이의 석사논문을 요약하여 대중을 대상으로 페소아를 소개하는 자리가 있었다. "페소아라는 20세기 포르투갈의 작가가 '이명'이라는 걸 만들어서 이명마다 고유한 문체와 문예사조로 글을 썼으며, 이 작가는 포르투갈의 모더니즘을 대표한다"라는 페소아에 대한 기본적인 소개가 주된 내용이었다. 질의응답이 이어졌다. 청중 한 분이 손을 들고 질문했다. "그거 정신병 아니에요?"
    당시엔 당황스럽게만 느껴진 질문이었지만 지금 와서 생각하니 페소아를 처음 접하는 독자들 상당수가 그렇게 생각할 것 같다. 다만, 바로 그 지점 때문에 페소아에 대해 매력을 느끼는 사람들이 있고, 바로 그 지점 때문에 페소아를 어렵게 느끼는 사람들이 있는 게 아닐까. 이 책은 페르난두 페소아를 주로 『불안의 책』으로 접한 한국 독자에게 페소아의 넓고 다채로운 문학세계를 이해하도록 돕고, 페소아에 대해 가질 법한 선입견 너머 작가의 진면목을 소개하고자 기획되었다. 그러나 글을 선별하고 번역 작업을 진행하며 계획대로 페소아의 진면목이 또렷이 보이기는커녕 때로는 옮긴이인 나부터가 더 큰 수렁에 빠지는 기분이 들기도 했다.
    포르투갈 문학을 연구하다 보면 그 어떤 현대 작가의 작품을 다루든, 선행 연구에서 빠지지 않는 작가가 카몽이스L. d. Camões, 1524-1580와 페소아다. 페소아가 살아생전 출간한 포르투갈어 단행본은 『멘사젱』이 유일하지만, 그렇다고 살아서는 주목을 못 받다가 사후에야 작품성을 인정받게 된 불운의 작가는 아니다. 그는 여러 문예지를 통해 활발하게 시, 콩트, 평론, 에세이 등을 발표했고, 동료 작가들과 만든 『오르페우』지는 "오르페우 세대geração d'Orpheu"라는 하나의 문화 세력을 형성할 정도로 포르투갈 사회에 큰 영향을 주었다.

페소아는 청소년기를 남아프리카 더반에서 보냈기에 영국 문학의 영향을 많이 받았다. 이 시기, 조국의 바깥에서 모국어로 된 문학을 사유한 경험은 페소아가 '포르투갈의 새로운 시'를 추구하게 된 결정적 계기이다. 페소아가 보기에 당대 포르투갈 문학은 여전히 16세기 시인 카몽이스의 답습에 그쳤으며, 지나치게 과거에 사로잡힌 복고주의였다. 또한 민족 정체성을 앞세운 나머지 오히려 포르투갈적인 것들과는 멀어지고 있었다.

페소아가 보기에 포르투갈인은 "자기 내면의 인간을 다각화"하는 이들이며, "훌륭한 포르투갈인은 다질적인 사람"(「포르투갈인은 어떤 사람들인가」, 101쪽)이었다. 일찍이 타국과 교류가 많아 다양한 문화가 내재적으로 융화된 것을 포르투갈의 특징으로 보며, 이것을 코스모폴리터니즘적 성격으로 해석하였다. 페소아는 이 "다질적인 사람"들로부터 중요한 두 가지 가치를 추출한다. 하나는 다수성, 또 다른 하나는 보편성이다. 이 두 가지는 페소아가 이명이라는 자신만의 독특한 문학세계를 건설하는 데 주안점이 된다.

페소아의 이명은 기인의 행동이나 즉흥적인 감정 분출이라고만 보기 어렵다. 오히려 이성적으로 기획된 것에 가깝다. 이는 페소아가 낭만주의에 대해 비판하는 대목을 보면 알 수 있다. 페소아는 낭만주의 사조가 가져온 변혁의 가치를 인정하면서도 후기로 갈수록 낭만주의가 "그릇된 개인주의를 장려한다"고 지적하며, 예술적 감정에 사로잡혀 "자신의 히스테리나 신경쇠약이라는 질병만을 이유로 스스로를 시인이라고 여기는 오만"(「낭만주의와 개인주의」, 159쪽)을 비판한다.

페소아는 '그릇된 개인주의'와 관련하여 '개인적personal'인 것과 '인간적humana'인 것을 구분하고, 개별 개인의 개성보다 보편적인 인간성 자체를 추구한다. 그는 낭만주의적 작가 개념에서 벗어나고자 하며 창작자의 권위보다는 개성의 추상화를 지향한다. 이 추상화의 시도로 이명이 고안된 것이다. 페소아의 이명 세계에서는 본명이 더 우위를 점하지 않는다. 더 중심적인 역할을 하거나 우월한 이명이 존재하지도 않는다. 카에이루가 헤이스와 캄푸스의 스승으로 영향을 주기는 하지만, 이는 이명들 간의 관계성을 보여줄 뿐, 제자라고 스승의 스타일을 답습하지는 않는 것을 볼 수 있다. 그런 측면에서 감정과 이성의 조화는 페소아에게 중요한 문학적 목표이자 전제이다.

> "모든 예술은 이성화된 감정으로 만들어진 것이거나 감정화된 생각으로 만들어진다."
> (「생각과 감정」, 142쪽)

이러한 페소아의 관점이 구체화된 것이 상호교차주의 Interseccionismo와 감각주의 Sensacionismo 운동이다.

페소아는 이성의 방법론으로 '극화'를 적용한다. 페소아 연구자인 테레자 히타 로페스 Teresa Rita Lopes는 페소아의 이명을 '극', 즉 '드라마'의 개념으로 보았다. 페소아 역시 스스로를 다음과 같이 표현했다.

"나는 텅 빈 무대다. 여러 배우들이 다양한 장면을 연기하며 지나간다."
(「여행하면 할수록 더 넓게 여행하게 된다」, 76쪽)

내면의 다양성의 외재화를 위해서 거쳐야 되는 과정이 이성을 통한 추상화이자 극화이다. 이 때문에 페소아의 이명 작업은 이성을 근간으로 한다고 볼 수 있다. 페소아의 이명들이 정신 착란으로 인해 즉흥적으로 쓰인 것이라면, 포르투갈의 수능 시험에서 각 이명의 글만 보고 누구의 것인지 맞추게 하는 문제는 낼 수 없었을 것이다. 즉 페소아에게 문체란 작가들의 극화 방식이자 이성을 발휘한 논리 체계다.

그렇다고 페소아가 광기를 완전히 부정한 것은 아니다. 페소아는 이성을 중시하면서도 "정신적 복잡성, 병적 상태, 여성스러움은 이것들을 표현할 수 있는 어떤 철학이나 신조를 필요로 한다"(「신비주의」, 72쪽)라고 말한다. 광기 역시 이성으로 극화하여 표현해야 하는 중요한 내적 상태로 본 것이다. 또한 "미친 사람들은 명료한 뇌를 가진 이들이다"(「우주의 직관 속을 여행하는 미친 사람」, 115쪽)라고 말하며 급

기야 광기와 이성을 동일시하는 아이러니를 보여준다. 페소아에게 광기와 신비란 곧 자기 내면의 타자성이며, 광기의 긍정은 곧 타자성의 긍정이다. 그리고 이는 곧 자아의 다수성을 의미한다.

> "작가의 이런 기질을 히스테리의 한 형태로 보거나, 인격의 분열이라고도 할 수 있겠지만, 이 책들의 작가는 그것을 증오하지도, 그것을 지지하지도 않는다. 그들에게는 아무 소득도 없을 것이다. 단지 자기 자신이 가진 다수성의 노예처럼, 다수성이 써낸 결과물들에 대한 이런 이론, 혹은 저런 이론에 동의할 뿐이다."
> (「양상들」, 81-82쪽)

그리하여 다시 이명을 정의 내리자면 내면의 타자성과 다수성을 발견하고 그것을 외적으로 구현시키는 것이다. 타자성과 다수성은 광기의 영역이었으나 그것을 구체화하는 것은 이성의 영역이라 할 수 있다.

> "나는 이렇게 되었다. 나쁘게 말하면 고고한 꿈을 꾸는 미치광이인 것이고, 좋게 말하면 단지 한 명의 작가가 아니라 하나의 문학이 된 것이다."
> (「양상들」, 83-84쪽)

한편, 타자성이란 주변성을 뜻하기도 한다. 페소아가 타국에서 바라본 포르투갈은 유럽의 주변국이었다. 『멘사젱』과 같은 국가주의 작품을 쓴 것도, 포르투갈이 더 이상 문화의 주변국에 머물지 않고 문화의 중심지가 되길 바라는 취지에서였다. 현대 독자들의 시선에서 보기엔 지나치게 국수주의적으로 보이는 페소아의 일부 정치관 및 국가관도 같은 맥락에서 이해해볼 수 있다.

*

이 책 『이명의 탄생』은 총 4장으로 구성되었으며, 각 장은 위에서 서술한 페소아의 문학관을 잘 담아낼 수 있는 글들로 선별되었다. 먼저 1장은 페소아가 쓴 에세이나 편지 중 이명에 관한 글들을 연대순으로 모았다. 내면의 다수성을 발견하게 되는 찰나의 순간을 기록한 메모, 문득 떠오른 발상을 다듬어가는 과정을 담은 일기, 친구에게 보내는 편지, 문예지에 발표한 에세이 등을 통해 내면의 다수성이 이명이라는 독특한 세계관으로 발전되고 구체화되어 가는 과정을 볼 수 있다.

2장은 낭만주의와 고전주의, 이성과 감정, 문학의 형식과 내용 등 문학과 예술을 주제로 하는 페소아의 글들을 모았다. 보편성 및 극화, 이성과 감정의 균형 등을 중시하는 페소아의 시론을 알아볼 수 있다. 또한 번역에 대한 생각을 보여주는 글을 실어 그가 생계형 번역가로 일하였고, 영국 문학을 포르투갈어로 번역하였으며, 한 이명이 쓴 작품을 다른 번역가 이명을 만들어 스스로 번역하기도 한 번역가로서의 페소아의 번역론도 담고자 했다. 우화에 대한 몇 편의 글은 우화라는 장르가 갖고 있는 고정적 틀을 비틀며, 교훈을 주는 문학을 향한 풍자를 보여준다. 페소아는 이 우화들을 통해 메타우화, 즉 우화에 대한 우화라는 독특한 장르를 개척한다. 『오르페우』 및 『아테나』 등의 문학지를 발간하며 쓴 글들도 선별, 수록하여 페소아가 추구하고자 한 포르투갈의 새로운 문학 운동의 지향점이 무엇인가를 탐색하고자 하였다.

3장은 이명들의 문학관을 보여주는 글들을 모았다. 이명들은 각기 다른 관점에서, 때로는 서로 대화하고 논쟁을 벌이며 고유한 문학관을 펼친다. 안토니우 모라는 철학자이자 신이교주의Neopaganismo자로, 기독교 사상이 발전하기 이전 고대 그리스인들의 예술관을 그들의 신앙관인 이교주의와 결부시켜 설명한다. 알베르투 카에이루는 자연 속에서 만물의 이치를 스스로 깨달은 자로, 이 자연스러움은 곧 시라는 형식의 자연스러운 운율과 리듬으로 표현되기에 적절하다고 보았다. 히카르두 헤이스는 신고전주의자답게 문학에서 구성과 형식적 완성도를 가치 있게 본다. 알바루 드 캄푸스는 상징주의, 데카당스주의, 미래주의 등에 영향을 받아 인위적 운율이 아닌 날것의 감정 표현에 대한 새로운 방법을 모색한다.

4장에서는 페소아가 다른 작가들에 대해 쓴 비평을 모았다. 자신이 주변국 출신 작가로 셰익스피어, 밀턴, 괴테, 빅토르 위고 등 대작가들에 대한 비평을 소개하며 엿보이는 다소 '오만한' 태도는(이 표현은 해럴드 블룸의 것을 빌려 왔다) 글을 엮은 옮긴이의 입장에서도 부담이 있었다. 하지만 한국 역시 그간 문화적으로 주변국이었다 최근에서야 K열풍으로 전 세계인들의 주목을 받게 된 입장에서, 한국의 독자들에게 페소아가 보는 유럽이라는 중심 세계는 어떠한지 그 시선을 보는 것은 유의미하다 판단했다. 비슷한 맥락으로, 한국 독자들에게는 낯선 포르투갈 작가들에 대한 비평을 싣는 데도 고민이 있었으나, 페소아를 시작으로 포르투갈 문학에 대한 더 많은 이해를 제공하는 데 도움이 되고자 하는 마음으로 선보이게 되었다.

이 책을 읽다 보면 이상 안내한 페소아에 대한 대략적 설명과 다소 대치되고 모순되는 글을 하나 이상 발견하게 될 것이다. 그럴 때면 옥타비오 파스의 말처럼, 페소아는 자기 자신이 누군지 몰랐던 것인지 아니면 알랭 바디우의 말처럼, 우리의 철학이 아직 페소아의 높이에서 사유하지 못하는 것인지 헷갈린다. 이 책이 그 모순과 낯섦의 타자성을 통해 독자 여러분들 내면의 다수성을 발견하는 계기가 되길 바란다.

2024년 7월
김지은

편집 후기

페르난두 페소아, 『이명의 탄생』. 미행의 31번째 책이다. 2019년에 다니던 출판사를 그만두고 프루스트의 작품으로 미행을 시작했다. 그땐 아이도 없었고 시간도 많았다. 의욕이 넘쳤고 그만큼 쉽게 좌절했던 것 같다. 그때 수시로 피우던 담배를 지금은 안 피운다. 대신 술이 늘었다. 느리지만 꾸준히 책을 냈고 20년에 이 책의 번역가 선생님을 처음 만났다. 우리가 의기투합해서 포르투갈 시인 플로르벨라 이스팡카의 시집을 내보자고 했던 일은 지금에 와서 생각해보면, 온통 흐리게만 기억될 뿐이다. 번역가 선생님은 그때 결혼을 앞두고 있었고. 5종 정도 책을 낸 신생 출판사와 이제 막 출판 번역계에 첫발을 떼려 하는 번역가. 우리가 다시 만나 페소아 앞에 선다. 24년 여름이다. 시간이 이만큼 흘렀다는 게 비현실적으로 다가온다. 시간이 흐른다는 게 어떤 일일까? 흐르는 시간은 사람을 왜 이렇게 이상하게 만들까?

당신은 아는지. 무언가는 자꾸 말하려고 해도 모호해지기만 하고 잘 세워지지가 않는 막대기 같다. 말할수록 말만 많아진다. 무수히 말해도 하고 싶은 얘기는 정작 하지 못했다는 생각을 준다. 이 책이 그렇다. 이 원고가 그랬다. 이 책은 작업자로서 무언가 말해도 자꾸 놓치고 있다는 의구심을 내게 준다. 다음이 북펀드에 나오는 자료를 무작위로 추린 것이다. (이 책은 24년 여름 알라딘 북펀드로 출간을 알렸다.) "이명은 어떻게 발견되고 구체화되는가?", "문학과 예술에 대한 페소아의 시각과 이명 기획의 구체적 사례들을 제시한다.", "한 인물이 만든 다양한 '이명'들은 어떤 사상을 공유하며 어떤 차이점이 있는가?", "이명의 속성, 탄생의 원리", "페소아의 문학 에세이" 한번 물어보자. 이 책이 '문학 에세이'인가? 문학 에세이가 맞아서 그렇게 부제를 만들었는데 도통 '수상'하다. 생각난다. 그때 했던 얘기들이. 카페에서의 대화. 통유리창 바로 앞에는 멋들어진 스포츠카가 지나가고 있었다. "근데, 선생님, 페소아가 마약을 했던 건 아닐까요?", "저만의 생각인데, 그렇잖아요? 보통 누가 이런 생각을 해요." 이 책 '옮긴이 해설'에 청중 하나가 페소아 논문 발표에서 이명에 대한 얘길 듣고 질문하는 내용이 나온다. "그거 정신병 아니에요?" 편집자인 나는 눈이 탁 떠진다. 그때 카페에서 번역가 선생님, "페소아가 마약을 했다는 얘기는 처음 들어보네요. 재밌네요." 나는 재밌는 사람이 된다…. 아, 이게 아니다. 진지하게 쓰기로 한 초심을 되살려서….

그만큼 이상한 주제, 이상한 목소리와 내내 이 책을 만들면서 내내 동고동락했다는 이야기가 하고 싶었나 보다. 여전히 이야기하고, 이야기해도 정곡이 아닌 것만 같은 책 소개. 어쩌면 정확한 이야기를 했어도 이리 빠져나가고 저리 빠져나가는 미끄러운 물고기 같은 책이 된 책, 책의 주인, 그런 집합소, 그런 '문학 에세이'. 예술 에세이도 되고 논평집도 되고 인터뷰집도 되고 '아무도 읽지 마라, 읽어도 아무것도 읽은 것은 없을 테니.' 마치 이렇게 말할 것만 같은 페르난두 페소아란 사람. "사실상 존재하지 않는 사람에 대해 이렇게 이야기하는 것이 이상하다고 누군가는 말할 수 있겠지만, 나는 마찬가지로 그렇다면 리스본이나 이 글을 쓰고 있는 나, 이 세상 그 어떤 물건에 대해서도 존재하는가에 대한 증거가 없다고 대답하겠다."(「양상들」)

맞다, 없다…. 이 책의 글들은 약 백 년 전 것들이다. 번역가 선생님과, 그리고 멋진 포르투갈 문학을 합심하고 선보이게 돼 기쁘다. 포르투갈 문학이라고 한정하여 말하는 것도 웃기다. 여자 단체전, 남자 단체전 말하는 것처럼. (24년 이 여름은 파리 올림픽 기간….) 이렇게 수정하겠다. 페소아를 선보이게 돼 기쁘다. 시에 대해 열변을 토하는 페소아를 보는 것은 정말 기쁜 일이었다. 당신도 그랬는지. 페소아는 이 책에서 구체적인 입장 촉구문을 펼친다. 우리는 항상 이런 작가가 그리웠다.

미행에서 만든 책들

1	소설	마르셀 프루스트	최미경	쾌락과 나날
2	시	조르주 바타유	권지현	아르캉젤리크
3	소설	유리 올레샤	김성일	리옴빠
4	시	월리스 스티븐스	정하연	하모니엄
5	소설	나카지마 아쓰시	박은정	빛과 바람과 꿈
6	시	요제프 어틸러	진경애	너무 아프다
7	시	플로르벨라 이스팡카	김지은	누구의 것도 아닌 나
8	소설	카트린 퀴세	권지현	데이비드 호크니의 인생
9	르포	스티그 다게르만	이유진	독일의 가을
10	동화	거트루드 스타인	신혜빈	세상은 둥글다
11	산문	미시마 유키오	강방화·손정임	문장독본
12	소설	마르셀 프루스트	최미경	익명의 발신인
13	시	E. E. 커밍스	송혜리	내 심장이 항상 열려 있기를
14	시	E. E. 커밍스	송혜리	세상이 더 푸르러진다면
15	산문	데라야마 슈지	손정임	가출 예찬
16	칼럼	에릭 사티	박윤신	사티 에릭 사티
17	산문	뤽 다르덴	조은미	인간의 일에 대하여
18	르포	존 스타인벡·로버트 카파	허승철	러시아 저널
19	소설	윌리엄 포크너	신혜빈	나이츠 갬빗
20	산문	미시마 유키오	손정임·강방화	소설독본
21	소설	조르주 로덴바흐	임민지	죽음의 도시 브뤼주
22	시	프랭크 오하라	송혜리	점심 시집
23	산문	브론테 자매	김자영·이수진	벨기에 에세이
24	소설	뱅자맹 콩스탕	이수진	아돌프 / 세실
25	산문	안드레이 플라토노프	윤영순	전쟁 산문
26	소설	안토니 포고렐스키 외	김경준	난 지금 잠에서 깼다
27	소설	모리 오가이	전양주	청년
28	소설	알베르틴 사라쟁	이수진	복사뼈
29	산문	페르난두 페소아	김지은	이명의 탄생

한국 문학

1	시	김성호	로로
2	시	유기환	당신이 꽃 옆에 서기 전에는

페르난두 안토니우 노게이라 페소아(Fernando António Nogueira Pessoa, 1888-1935)는 포르투갈 리스본에서 태어났다. 어린 시절 아버지를 여읜 후 어머니가 외교관과 재혼하여 남아프리카 더반으로 이주했다. 이때 교육받은 영국 문학작품들은 페소아 작품 세계 전반에 큰 영향을 끼쳤으며, 작품 활동도 포르투갈어와 영어로 했다. 1905년 열일곱 살 되던 해 포르투갈로 돌아온 뒤로는 거의 리스본 안에서만 생활한다. 1912년 「사회학적 관점에서 포르투갈의 새로운 시」를 『아기아(Águia)』지에 실으며 첫 평론을 발표한다. 1914년에 페소아는 자신의 대표적 이명인 알베르투 카에이루(Alberto Caeiro), 히카르두 헤이스(Ricardo Reis), 알바루 드 캄푸스(Álvaro de Campos)를 고안해낸다. 1915년에는 포르투갈 모더니즘에 중요한 역할을 한 것으로 평가받는 『오르페우(Orpheu)』지를 창간한다. 이해 같은 잡지에 알바루 드 캄푸스가 시를 발표하며 대중들 앞에 처음 선다. '오르페우 세대(geração d'Orpheu)'라 불리는 여러 동시대 모더니스트 문학예술인들과 교류한다. 1919년 무역회사에서 번역가로 일하며 생계를 유지하다가 이듬해 출판사 겸 광물 무역회사 '올리지푸(Olisipo)'를 차린다. 이 출판사를 통해 당시 포르투갈 사회에서 문제적으로 여겨지던 작가들의 작품을 출간하면서 정부로부터 경고를 받기도 한다.

1924년 히카르두 헤이스가 『아테나(Athena)』 창간호를 통해 20편의 송시를 발표하며 세상에 이름을 알린다. 1925년 『아테나』 4호를 통해 알베르투 카에이루가 대표작 「양치는 목동」을 발표한다. 1929년 『아 헤비스타(A Revista)』지에 베르나르두 소아레스(Bernanrdo Soares)라는 이름으로 『불안의 책』의 일부를 발표한다. 1934년 페소아가 살아생전 출간한 유일한 포르투갈어 시집 『멘사젱(Mensagem)』이 출간된다. 『멘사젱』은 '포르투갈 국가선전부'에서 제정한 '안테루 드 켄탈 상' 2등상을 수상한다. 1935년 11월 페소아는 극심한 복통으로 병원에 입원하여 생을 마감한다. 페소아의 글들은 2019년 포르투갈 국보로 지정된다.

옮긴이 김지은은 한국외국어대학교에서 포르투갈어를 공부하고 동대학원에서 페소아 모더니즘 연구로 석사 학위를 받았다. 이후 포르투갈 리스본노바대학에서 여성 해양여행기를 연구하고, 한국으로 돌아와 여성 소네트 연구로 박사학위를 받았다. 현재 한국외국어대학교와 고려대학교 등에서 학생들을 가르치고 있다. 플로르벨라 이스팡카 시선집 『누구의 것도 아닌 나』를 번역했다.

이명의 탄생
페르난두 페소아 문학 에세이

페르난두 페소아
김지은 엮고 옮김

초판 1쇄 발행 2024년 9월 20일

펴낸곳 미행
출판등록 제2020-000047호
전화 070-4045-7249
메일 mihaenghouse@gmail.com
인쇄 제책 영신사

ISBN 979-11-92004-24-2 03870